GUÍAVIVA

AF277663

TOULOUSE
EXPRESS

ANAYA
TOURING

GUÍA VIVA EXPRESS
TOULOUSE

Textos: **Iñaki Gómez.**

Actualización: **Galo Martín Aparicio.** Edición y maquetación: **Edipratt.** Editora de proyecto: **Ana Catherine Gómez.** Cartografía: **Anaya Touring.** Técnico editorial: **David Lozano.** Producción: **Juan José Rodríguez, Olga Hernando** y **Antonio Mellado.** Diseño tipográfico: **Víctor Domínguez.** Diseño de cubierta: **marivies.**

Fotografías: **iStockphoto,** excepto **AGE Fotostock:** 88-89, 93, 122. **Archivo Anaya:** 13, 25, 78-79 (3). **Gettyimages:** 44, 68 (2), 117, 125 dch. **Fotolia:** 63, 68 (2), 76, 77, 88-89, 109, 111, 123, 125 izq. **123RF:** 10, 115, 19, 22, 32, 40, 42, 45 (2), 47, 50-51, 53 (3), 54, 57, 58, 63, 70, 72, 75, 82-83, 86 (4), 98, 102, 105, 113, 114 (2), 118. **Depositphoto:** 67, 81. **Shutterstock:** 8-9, 14, 17 (2), 20-21, 26-27, 28, 30, 35, 36-37, 48-49, 53 sup., 65, 66-67, 73, 74, 76, 77, 78-79, 90-91, 93, 97, 106-107, 114 izq.

4ª Edición: 2024

© Grupo Anaya, S. A., 2024
Valentín Beato, 21. 28037 Madrid
www.guiasdeviajeanaya.es

Depósito legal: M-2348-2024
I.S.B.N.: 978-84-9158-810-8
Impreso en España - Printed in Spain

PAPEL DE FIBRA
CERTIFICADO

La información contenida en esta guía ha sido cuidadosamente comprobada antes de su publicación. No obstante, dada la naturaleza variable de los datos, recomendamos su verificación antes de salir.

Sumario

Cómo usar esta guía

La guía se ha dividido en cinco apartados:

Los imprescindibles

Se han seleccionado los puntos claves de la ciudad; monumentos, paisajes, lugares de interés o acontecimientos que entraman un especial interés para el viajero.

Datos prácticos

Se da toda la información necesaria para preparar el viaje a Toulouse: transportes, documentación, acontecimientos culturales, sanidad, moneda, idioma, comunicaciones, horarios, calendario de fiestas, etc.

La visita

Se desarrolla la **descripción monumental** de la ciudad a partir de fáciles itinerarios por las distintas zonas. Se incluyen los **alrededores**, con información sobre los lugares de interés que pueden visitarse. En los recuadros de color se encontrará información sobre **personajes, compras** o **anécdotas** destacadas, así como otros datos adicionales.

Con el fin de facilitar la visita se incluyen **planos de día y de noche**, donde se han señalado todos los ambientes que se pueden encontrar en Toulouse.

SIGNOS CONVENCIONALES DE LOS PLANOS

PLANOS DE DÍA	PLANOS DE NOCHE
Edificios de interés turístico	Edificios de interés turístico
Parques y jardines	Parques y jardines
❶ Restaurantes	🯱 Alojamientos
𝒊 Información turística	Ⓜ Metro

Comer y dormir

Rigurosa seleccion de hoteles y restaurantes siguiendo el criterio de mejor relación calidad/precio. En cuanto a los **alojamientos,** se describen desde los hostales y pensiones hasta los hoteles de precio más elevado. Los **restaurantes** también se han ordenado conforme a varias categorías: establecimientos más asequibles o con menú y otros de mayor precio.

En el **plano de día** se resaltan las zonas comerciales, así como los restaurantes y monumentos más interesantes que merece la pena visitar. En el **plano de noche,** donde se destacan los hoteles recomendados, se pueden ver las calles más animadas para salir por la noche. Resulta fácil localizar los alojamientos y restaurantes en los planos.

El contexto

Comprende breves apuntes sobre la historia, el arte y la cultura, la lengua, la música, la gastronomía y los restaurantes.

Guía rápida de Toulouse

Situación. Francia.
Población. 498.000 habitantes.
Moneda oficial. Euro.
Clima. La llanura de Midi-Pyrénnées ofrece un clima continental suave, aunque los inviernos son fríos y parcialmente nublados, y en verano las temperaturas pueden dispararse. Las precipitaciones alcanzan los 640 mm por año, un nivel intermedio, y los meses menos lluviosos son febrero y julio.
Idioma oficial. Francés.
Hora oficial. Igual que en España.
Documentación necesaria. Los ciudadanos de la Unión Europea solo precisan del DNI o el pasaporte en vigor.
Webs de interés.
www.turismo-toulouse.es
http://es.france.fr

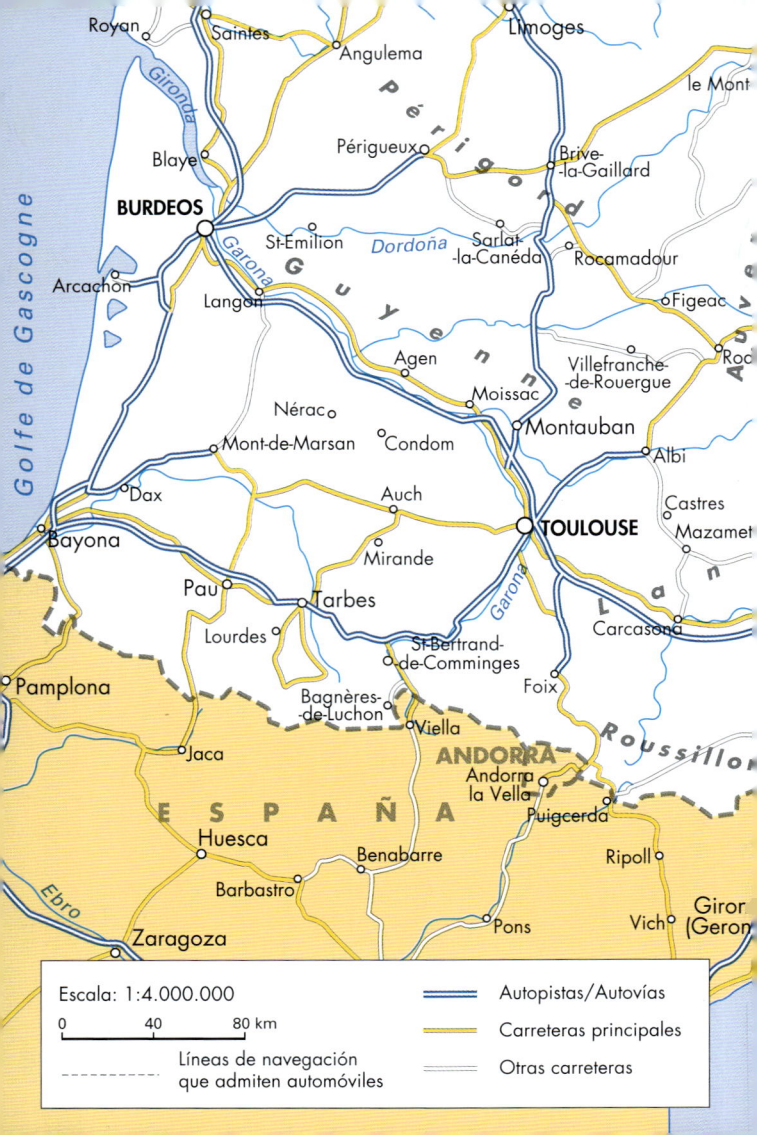

LOS
IMPRESCINDIBLES

Place du Capitole

La Place du Capitole es el espectacular centro de la ciudad. El lugar en el que late Toulouse, donde se llevan a cabo todas las celebraciones y conviven todas sus tradiciones. La cadencia y el pulso de Toulouse pasa por esta plaza que está siempre animada y abarrotada de gente.

Conviene partir del Capitole para visitar la ciudad. Con toda seguridad se volverá a esta plaza una y otra vez. Dos de las calles en sus extremos marcan los recorridos obligatorios, **Rue Saint Rome** para adentrarse en el Vieux Quartier hasta el Pont Neuf, y **Rue du**

Taur para recorrer los alrededores de Saint Sernin.

El *Capitole* es una plaza monumental, la mayor de la ciudad, ordenada y refinada según el estilo que tanto gusta a los franceses. Sorprende por sus dimensiones y por la grandiosidad de los edi-

ficios que la enmarcan. Destacan los 128 m de fachada del neoclásico edificio del **Ayuntamiento**, el *Capitole* propiamente dicho, ya que su nombre procede de una primera municipalidad *(visita gratuita, todos los días de 8.30 h a 19 h, domingo de 10 a 19 h. Los horarios pueden variar en función de los actos oficiales programados. Es recomendable informarse en la cercana oficina de turismo de Toulouse).* Es el edificio clásico más importante de la ciudad por la solemnidad que le aporta la piedra frente al ladrillo rojizo y que le otorga el nombre de la *Ville Rose.* En el interior del edificio resulta muy interesante la **Salle des Ilustres,** inspirada en la Galería Farnese de Roma.

La visita al Ayuntamiento es muy aconsejable, aunque el principal atractivo de la plaza es su actividad humana: la gente que pasea bajo los soportales, descansando en los cafés más distinguidos de la ciudad o merodeando por los mercadillos. En verano, la Place du Capitole invita a disfrutar de las terrazas para contemplar cómo transcurre el día en uno de los lugares más entrañables y llenos de vida de Toulouse.

Place du Capitole, de noche

Les Abattoirs

Toulouse es uno de los destinos culturales de primer orden, y en parte es gracias a su extensa concentración de museos y salas de arte. Entre todos ellos sobresale, por su innovadora imagen museística, el Museo de Arte Moderno y Contemporáneo, conocido como *Les Abattoirs*, ya que está instalado en lo que antiguamente fueron los mataderos de la ciudad.

Su ubicación misma es ya en sí una propuesta innovadora, ya que aprovecha unos antiguos locales urbanos rehabilitados junto al río, en la zona de Saint Cyprien, un barrio de moda que defiende la tradición artesanal y que también ha recobrado nuevos bríos en cuanto a vida nocturna.

Les Abattoirs (Allées Charles de Fitte, 76. Telf. 05 34 51 10 60. Visita previo pago, de miércoles a

Dos salas con exposiciones temporales en el museo Les Abattoirs.

viernes de 12 h a 18 h y fines de semana de 10 h a 18 h; www.lesabattoirs.org) acoge fascinantes exposiciones temporales de arte moderno y así como una completa colección de obras de finales del siglo xx. El fondo del museo está centrado en artistas activos a partir de los años 50 e ilustra perfectamente las numerosas corrientes artísticas nacidas tras la Segunda Guerra Mundial: expresionismo abstracto, abstracción lírica, Popart, CoBrA, el grupo japonés Gutai, espacialismo, *arte povera* o Transavanguardia. También destaca la presencia de obras importantes de artistas procedentes de la escena española como Miquel Barcelò, Antoni Tàpies o Antonio Saura, a los que *Les Abattoirs* ha dedicado importantes muestras temporales.

El acceso al importante conjunto de arte español está precedido simbólicamente, además, por la espectacular y monumental obra *El despojo del Minotauro en traje de Arlequín* (8,30 x 13,25 m), que Pablo Picasso concibió en el año 1936. A causa de su fragilidad solo se expone seis meses al año.

Es conveniente cerciorarse si la "colección permanente" está expuesta porque cuando instalan exposiciones temporales, pueden cerrar algunas salas.

Puentes y canales

Toulouse tiene el encanto adicional que poseen las ciudades atravesadas por ríos, en este caso por el Garona, el gran río que nace en España y atraviesa el sur de Francia en dirección oeste antes de desembocar en Burdeos. Pero Toulouse no tiene un solo río, se podría decir que tiene hasta tres si se suman los canales que se unen en la ciudad.

La ciudad tiene un casco antiguo bien delimitado, pero no vive de espaldas al río. Ha protegido los muelles, orillas y puentes del Garona para permitir realizar algunos de los paseos más deliciosos que se pueden hacer en Toulouse. Como dicen en Francia, pasear *au bord de l'eau* (por el borde del agua), caminando por las orillas o en algunos de los transportes fluviales que recorren parte del río y de los canales, resulta una excelente aproximación a las bellezas de la ciudad.

Las orillas del Garona han sido acondicionadas con paseos y se

El Pont-Neuf es el puente más antiguo de Toulouse.

Gabarras y bicis en el Canal du Midi.

han convertido en escenario para festivales como el animado *Río Loco* o transformadas en playas durante los meses de verano.

Al cauce del Garona se unen los ramales del Canal du Midi, una obra de ingeniería que figura como Patrimonio de la Humanidad de la Unesco.

Aquí se pueden contemplar los sistemas de esclusas o las fábricas donde se utilizaba la energía hidráulica con fines industriales. Algunas de las mejores excursiones de senderismo o en bicicleta que

se pueden hacer desde Toulouse también recorren las orillas del canal que unía el Atlántico con el Mediterráneo.

Los paseos que se pueden hacer por las orillas no hace falta que lleguen hasta uno de los dos mares, es suficiente con que salgan de la Plaza de la Daurade.

Son recorridos perfectos para conocer Toulouse, bien para la meditación o bien para disfrutar de la noche en alguna terraza contemplando cómo las luces de la ciudad se reflejan en el río.

El Valle Aeroespacial

Cuando a principios del siglo XX los militares franceses estudiaron dónde instalar sus fábricas de aviones, la decisión fue unánime: lo más lejos posible de Alemania, tradicional nación enemiga del país galo en un buen número de guerras. La ciudad elegida para ser la sede aeronáutica del país fue Toulouse, donde se encuentran el Consorcio Europea Airbus, la Cité de l'Espace, el Museo Aeroscopia y L'Envol des Pionniers, donde descubrir a los pioneros de la aviación. Además, otro de los espacios que no pueden faltar en una visita a la Ciudad Rosa es La Halle de La Machine.

En la actualidad en Toulouse se siguen fabricando aviones e investigando en el campo de la aeronáutica. En los alrededores de esta ciudad, en lo que se conoce como el "Valle Aeroespacial", se encuentran las sedes de la **Escuela Nacional de Aviación Civil**, del **Consorcio Europeo Airbus** (este consorcio y sus empresas subsidiarias suponen el 10 por ciento de los puestos de trabajo de la ciudad) y del **Centro de Investigación L'Aeroespatiale**. Una vocación con todo lo que tenga que ver con la aeronáutica y que el viajero puede comprobar en varias visitas organizadas.

Para visitar el **Consorcio Airbus** (*entrada: 16 euros; www.manatour.fr/airbus*) hay que realizar una reserva con un par de semanas de antelación. La visita en cuestión es guiada y dura una hora y media. Un recorrido por la **planta de Jean-Luc Lagardère**, en la que se lleva a cabo el montaje de los gigantescos *A380*, así como la **planta de Clément Ader**, en la que se ensamblan los modelos antiguos, como el *Concorde*, un avión que ya es una estampa del pasado a pesar de que todavía mantenga su imagen de modernidad.

En Toulouse también comenzó el primer programa espacial europeo y es sede de la **Agencia Europea Espacial**, una circunstancia que ha facilitado el establecimiento de la **Cité de l'Espace** (*Av. Jean Gonord, www.cite-espace.com; visita de 10 h a 17 h. Entrada: 26 euros*). En esta Ciudad del Espacio se puede descubrir la cultura espacial y astronómica. Cuenta con modelos a escala real del cohete Ariane 5 o la estación espacial Mir, la exposición Le Terrain Martien que permite vivir sensaciones similares a las que se dan en Marte. Además de poder entrenar como un astronauta, destacan sobre todo un Planetario y el cohete Ariane 5. Cuenta con restaurantes, aparcamiento gratuito, tienda, áreas de picnic, etc. Desde 2023 está en funcionamiento LuneXplores, para vivir en primera persona la experiencia de un astronauta en una misión a la Luna.

El **Museo Aeroscopia** *(Allée André Turcat, 31700 Blagnac. Entrada: 15 euros, la entrada se puede combinar con la de la visita a la sede del Consorcio Europea de Airbus. Más información en www.aeroscopia.fr)* es otra de las paradas obligadas para conocer el idilio entre Toulouse y la aeronáutica. Ubicado muy cerca de los talleres de montaje del Airbus A380, en el que se pueden ver modelos antiguos de aviones, diversos espacios interactivos con simuladores, maquetas, un interesante recorrido histórico y fotografías temáticas realizadas por Jean Dieuzaide entre 1954 y 1972. También hay numerosas exposiciones temporales, conferencias, etc.

L'Envol des Pionniers *(6 rue Jacqueline Auriol. Entrada: 9 euros. Varios horarios, consultar la web www.lenvol-des-pionniers. com/es)*, un homenaje a la Compañía General Aeropostal, que creó el primer correo aéreo, y a los pioneros de la aviación francesa.

La **Halle de La Machine** *(entrada: 11 euros. Varios horarios, consultar la web www.halledelamachine.fr/es/1202-2)*, un moderno hangar que alberga una sorprendente exposición de curiosas máquinas como un minotauro de 14 m al que incluso se puede subir y dar un paseo por la histórica pista de la aviación, atracciones de feria u otras máquinas que descorchan botellas de champán.

La violeta de Toulouse

El color preferido de la "Ciudad Rosa" es el violeta. Esta curiosa paradoja tiene su origen en la importancia que siempre ha tenido para Toulouse esta delicada y discreta flor, la cual trajeron a la ciudad en el siglo XIX, tras las guerras napoleónicas.

El clima de Toulouse hizo que el cultivo de la violeta fuera un éxito y que inmediatamente se incrementara la fortuna de floristas, horticultores, perfumistas y miembros de otros gremios, como los confiteros, que enseguida consiguieron cristalizar las violetas para su uso en la elaboración de pasteles y licores. Curiosamente, mientras los pasteleros ya aprovechaban esta flor en el siglo XIX, hubo que esperar a 1936 para ver aparecer el primer perfume de violeta de Toulouse, de la perfumería *Berdoues*, y a 1950 para el licor de violeta de *Serres*. La apoteosis de la violeta tiene lugar en febrero, cuando se organiza la **Fiesta de la Violeta** con toda la ciudad engalanada para recibirla.

No hace falta visitar la ciudad en febrero para apreciar la afición que hay por esta flor. En cualquier época del año se puede acudir al **Conservatorio Nacional de la Violeta**, con esquejes de 80 variedades de violeta, o al **Museo Botánico Henri Gaussens**, que cuenta con todo tipo de variedades de esta flor. Otras formas de apreciar el aroma o el sabor de la violeta es aprovisionarse en los diferentes mercados de la ciudad de confitura, té aromatizado, mostaza, velas, jabones, bombones o licores elaborados con cristales de la flor.

El **Mercado de Saint-Aubin** puede ser el más indicado para encontrarla, aunque hay otras posibilidades en establecimientos como *La Maison de la Violette,* una gabarra (*péniche*) anclada en un canal, *Violette et Pastels*, *Parfums Berdoues*, salón de té *La Maison de la Violette*, *Maison Pillon* o *Nicolas Toulouse les Carmes*, licores.

Festivales

Toulouse es la ciudad de los festivales. Todos los meses se celebra alguno de música, cine, arte, danza, teatro o nuevas tendencias. Es una ciudad melómana que organiza, además del **Disquaire Day/ Record Store Day**, los conciertos de la famosa Orchestre National du Capitole (durante todo el año), la Halle aux Grains y muchos festivales en verano: Rio Loco, Siestes Électroniques, Rose Festival, etc., y en 2023 fue nombrada oficialmente City of Music por la Unesco.

El primero a tener en cuenta es **Río Loco** (*https://rio-loco.org*), la celebración musical por excelencia de Toulouse y a su vez, un homenaje al Garona. Se celebra en junio y, por supuesto, el escenario y el espacio para el público son las orillas del río. Las celebraciones musicales continúan todo el año con un amplio abanico de tendencias y estilos: **Siestes Électroniques** (*https://lessiestes.com*), música ambiental y *chill-out* en junio; **Tangopostale** (*www.tangopostale.com*), talleres con maestros del tango y conciertos a finales de junio; **Festival de Convivencia** (*https://convivencia. eu*), en julio, la barcaza *Tourmente* recorre el Canal du Midi transformándose en un escenario para ofrecer conciertos; en septiembre **Rose Festival** (*https://rosefestival.fr*); y **jazz** todo el año, aunque su festival estrella, se celebra entre octubre y noviembre.

También abundan los de cine: **Cinespaña,** dedicado a películas españolas y portuguesas; **Les Rencontres Cinémas d'Amérique Latine,** al cine latinoamericano; o **Séquence Court-Métrage,** a cortometrajes.

En verano se celebran eventos multidisciplinares como el **Festival Ravensare** (*www.festivalravensare. com*), de nuevas tendencias.

La cartelera está repleta de actividades y la ciudad ofrece promociones y paquetes turísticos que incluyen entradas para los conciertos y alojamiento.

Toulouse iluminada

Los que piensen que realizar un paseo por Toulouse y el Garona es una actividad diurna están equivocados, porque cuando el sol se pone, la Ville Rose sigue siendo una ciudad espectacular. El efecto se consigue gracias a una iluminación nocturna que hace que los principales edificios y monumentos de Toulouse cobren un aspecto más romántico y mágico.

Al atardecer conviene volver a las orillas del Garona, ese río que funciona como un imán sobre residentes y turistas. Las puestas de sol desde la Place de la Daurade, o la terraza del **Café des Artistes,** por ejemplo, son un espectáculo muy demandado por su orientación al suroeste.

En otoño o en primavera, son atardeceres rojos que magnifican el potencial romántico del entorno y los perfiles del barrio de Saint Cyprien.

Se producen unos hermosos cambios de luz y color que adquieren más intensidad cuando entra en funcionamiento el alumbrado nocturno, el cual ilumina los edificios más emblemáticos de la ciudad; una iluminación especial de acuerdo al llamado *Plan Luz,* un programa ambicioso que otorga a Toulouse un rostro nocturno diferente pero que no pierde los tonos rojizos característicos de la ciudad rosa.

La luz nocturna subraya la belleza y diversidad del patrimonio de la ciudad y logra una gráfica puesta en escena de barrios, puentes y monumentos. No hay que perderse la posibilidad de pasear por la noche y descubrir una Toulouse iluminada.

El mismo centro permite descubrir esa nueva visión, pero es en las orillas del Garona donde adquiere toda su magnitud. Por eso resulta especialmente recomendable realizar un crucero nocturno por el río para saborear esta singular ciudad.

En la oficina de turismo de Toulouse, además de ofrecer información sobre los mismos, se puede reservar y comprar los billetes.

Un viaje por la gastronomía

En Toulouse se puede comer bien y, en ocasiones, hasta barato. La ciudad siempre ha ofrecido una cocina clásica y regional, pero cada vez se imponen más otro tipo de cocinas más informales, variadas o de diseño. Del cassoulet al sushi, pasando por las tapas españolas, Toulouse siempre sabe bien.

La ciudad hace honor a la fama de tener una de las gastronomías más completas de Francia. Pero hay que prepararse, ya que no son muy seguidores de la dieta mediterránea. Se trata de una cocina contundente y sobria en la que abundan potajes y guisos de carne con fuerte poder energético.

Una comida completa de cocina del Midi-Pyrénées podría estar compuesta por un plato de *foie* de Gascogne como entrante, de plato principal especialidades tales como *garbure des Pyrenées, cassoulet de Toulouse, tripoux de Rourge*, o una selección de quesos que in-cluyan *bleu des Causses, tommes des Pyrenées* y *roquefort*. Y de postre los famosos *macarons*, un dulce tradicional francés con una amplia variedad de sabores y colores. Pero hay mucho donde elegir para quienes quieran variar la dieta de los omnipresentes productos en el recetario de Toulouse: trufas, foie gras, hongos, *confits* o *magrets*.

La Ciudad Rosa es muy activa en cuanto a la renovación de su oferta hostelera con cocinas de fusión, llamativo interiorismo y servicio menos encorsetado. No sorprende de comprobar el gran número de restaurantes desenfadados donde se preparan platos más sencillos y económicos y donde se imponen horarios cada vez más permisivos.

Toulouse esconde tesoros gastronómicos: cocina clásica francesa, regional pirenaica y provenzal, de vanguardia, étnica modernizada, de tapas o incluso comida económica. También existe una creciente oferta de restaurantes vegetarianos y veganos.

Cassoulet.

Alrededores de Saint Sernin

Del lado norte de la Place du Capitole sale la animada Rue du Taur, una estrecha calle bordeada de anticuarios y librerías de viejo por la que antiguamente transitaban los peregrinos que acudían a Saint Sernin. La calle se abre a un barrio que se resiste a la modernidad y que mantiene un aire provinciano, bohemio y sereno. Una zona de Toulouse ideal para callejear entre cafés, librerías y restaurantes.

Siempre apetece recorrer la Rue du Taur, una simpática arteria comercial, por el aura provincial que desprende. La calle tiene algunos de los elementos básicos del patrimonio monumental de Toulouse como la **Église de Notre-Dame du Taur** o la **Basilique de Saint Sernin**, pero hay que insistir en otros valores como la **Cinémathèque** en el número 69, y también, por tratarse de un buen lugar para descubrir librerías de lance y buscar cafés para descansar o leer con calma alguno de los libros adquiridos. Es verdad que no abundan los libros en español, pero se trata más del placer de hurgar entre páginas amarillentas y encontrar postales, carteles y antiguallas olvidadas.

Los domingos se puede ir a los alrededores de la iglesia de Saint Aubain para comprobar cómo Toulouse es una ciudad de **mercados**. Aquí tiene lugar un rastro y un mercadillo donde se encuentran libros, artesanía, flores y puestos de comida regional. Una colorista zona que tiene continuidad a partir de la Place de Saint Sernin, donde arranca uno de los barrios más pintorescos de Toulouse por su sucesión de bares, tiendas y bazares llenos de cachivaches.

Museo Toulouse-Lautrec

Tiene en su apellido el nombre de la Ciudad Rosa, pero para buscar los orígenes del genial pintor de la vida nocturna parisina, conviene desplazarse a la vecina ciudad de **Albi.** Henri de Toulouse-Lautrec nació en 1864 en esta ciudad, cuyos atractivos monumentales son un reclamo irresistible para todos los amantes del arte.

Toulouse-Lautrec se formó como pintor en Albi, donde pasó su infancia postrado por las enfermedades que afectaron a su crecimiento. Tras una muerte prematura, con tan solo 36 años, su madre descubrió en su taller lo esencial de una obra que donó a Albi. Allí se le rinde homenaje en un **museo** ubicado en el **Palacio Berbie,** un lugar privilegiado junto al río y próximo a la catedral de Santa Cecilia. Más de mil obras del autor se conservan en este museo [pág.

Salón del Moulin Rouge, de Toulouse-Lautrec.

83], las cuales nos permiten trazar un recorrido a través de su vida y su obra, junto a creaciones de otros autores contemporáneos como Bonnard, Matisse o Vuillard. La exposición ofrece una colección única donde se refleja lo mejor de la bohemia parisina de finales del siglo XIX y principios del XX vista por los ojos de un personaje atormentado. Tras verse rechazado en los salones refinados por su minusvalía juvenil —la cual le impidió crecer por encima del metro y medio— solo halló refugio entre entrañables cabareteras, prostitutas generosas y otros asiduos de los bajos fondos de la capital francesa.

Retrato de Louis Pascal y cartel del Diván Japonés.

La gran atracción que sentía por estos ambientes (los célebres Moulin de la Galette, Moulin Rouge o Le Chat Noir), le llevó a hacerse cliente habitual y fue contratado para hacer sus carteles publicitarios.

Toulouse-Lautrec fue uno de los grandes retratistas de la historia así como el pintor de la bohemia, pero también un cronista social que hizo del cartel publicitario un género artístico de alto nivel.

Murió joven, alcoholizado y enloquecido, pero al menos, y a diferencia de otros impresionistas, consiguió reconocimiento y éxito siendo el primer pintor en tener una obra expuesta en vida en el Louvre.

DATOS
PRÁCTICOS

Llegar a Toulouse.

La situación estratégica de Toulouse, en el sur del país, y su condición de cuarta ciudad gala, han contribuido al desarrollo de una solvente red de comunicaciones. Toulouse está perfectamente comunicada por carretera, tren y avión. El viajero español tiene como ventaja añadida su proximidad a los principales pasos fronterizos.

En avión

El aeropuerto internacional **Toulouse-Blagnac** (*www.toulouse.aeroport.fr*) está conectado con las principales ciudades francesas y la mayor parte de las capitales europeas. Cuenta con una importante terminal de operaciones de compañías de bajo coste.

Desde Madrid Iberia vuela a Toulouse, sin escala. Desde Barcelona lo hace Vueling. Desde Alicante, Sevilla, Tenerife Sur y Valencia vuela Ryanair.

Traslados desde el aeropuerto. El aeropuerto está situado a 8 km al oeste de Toulouse y dispone de un fácil acceso al centro de la ciudad mediante una línea de autobús que opera cada 20 minutos en ambos sentidos todos los días del año. La duración del trayecto es de entre 20 y 45 minutos según la situación del tráfico. Este autobús (autobús-aeropuerto; *www.tisseo.fr*) tiene establecidas cuatro paradas en el centro ciudad: Centro de Congresos Pierre Baudis, Plaza Jeanne d'Arc, Avenida Jean-Jaurès y la estación de autobuses junto a la estación de trenes Matabiau SNCF.

El horario de salidas desde la ciudad es de 5 h a 20.20 h, y la

ℹ️ Direcciones útiles

Consulado General de España en Toulouse. Rue Sainte Anne, 16. Telf. (0)5 34 31 96 60.

Atout France, Agencia de Desarrollo Turístico de Francia. Tienen oficina en Madrid, pero no atienden de manera presencial. Se puede llamar por teléfono al 91 436 22 89 y/o contactar a través de su web www.atout-france.fr y www.france.fr.

Embajada de Francia en Madrid. Salustiano Olózaga, 9. 28001 Madrid. Telf. 91 423 89 00.

Consulados generales de Francia: Marqués de la Ensenada, 10. Madrid. Telf. 91 215 91 00. Ronda Universidad, 22, B-4°. Barcelona. Telf. 93 028 99 20. Consulado General de Francia en Bilbao: San Vicente, 8–48001, telf. 91 215 91 01.

primera salida desde el aeropuerto a las 7.35 h y la última a las 0.10 h. La tarifa es de 9 €.

El aeropuerto dispone de un buen servicio de taxis situados en la planta baja frente a la terminal de llegadas, entre las puertas B3 y C1 (*telf. taxis: 05 61 30 02 54*). El precio de una carrera no acostumbra a bajar de los 40 €.

En tren

Mientras siga cerrado el paso fronterizo ferroviario de Canfranc, las dos conexiones con el sur de Francia se llevan a cabo por Hendaya y Cataluña. La primera es la más adecuada para todo el centro y noroeste de España y la segunda para el Levante. La combinación entre Hendaya y el Mediterráneo es fluida y puede ser muy rápida mediante el *TGV* (Tren de Alta Velocidad) a través del eje Burdeos-Toulouse-Montpellier-Marsella.

La estación de *Toulouse-Matabiau SNCF* se localiza en el centro de la ciudad (*Bld. Pierre Sémard, 64; www.sncf.fr*).

En autobús

Toulouse está perfectamente conectado con las localidades fronterizas y las principales ciudades francesas a través de compañías como *Eurolines, Iberbus* o *Juliá*. Desde Madrid y Barcelona se puede llegar con *Flixbus (www.flixbus.es)*. La terminal de autobuses está junto a la estación de Matabiau, en el centro de la ciudad (*boulevard Pierre Sémard, 68*).

En coche

Por carretera, Toulouse está a 150 km del Mediterráneo, a 250 km del Atlántico y a 110 km de los Pirineos. Dispone de enlaces directos de autopistas con las principales ciudades del norte y sur de Europa. El eje Atlántico-Mediterrá-

neo desde Hendaya a Perpiñán está cubierto por la autopista A-64, que conecta con la A-61 (para hacer el trayecto Carcassonne, Montpellier, Barcelona) y la A-66 (para

el trayecto Pamiers, Foix, Andorra).

Desde los Pirineos, además de Andorra, los túneles de Somport y Viella son los más recomendables para acceder a Toulouse directamente desde el centro de España, aunque en invierno los puertos de montaña y túneles pueden presentar dificultades por la nieve. Desde Toulouse la autopista A-62 es necesaria para acceder a Montauban, Agen, Burdeos, Limoges o París, y la A-68 para localidades próximas como Lavaur y Albi. Tras el acceso a Toulouse en coche lo mejor es dejarlo en uno de los numerosos aparcamientos del centro de la ciudad y hacer la visita a pie.

El aparcamiento en el área central de la ciudad está regulado por parquímetros que funcionan de lunes a sábados, de 9 h a 20 h. El coste aproximado es de 1,7 € la hora.

El clima. La llanura de Midi-Pyrénnées ofrece un clima continental mucho más suave que el de la meseta castellana, aunque los inviernos suelen ser fríos y en verano las temperaturas pueden dispararse.

Es la zona con menor pluviosidad del sur de Francia. **Meteo France** ofrece toda la información necesaria sobre la meteorología con 5 días de previsión (*https://meteo-france.com*).

Oficinas de información. Existen centros de información dependientes de los distintos niveles de la administración: municipal, departamental y regional. La más profesional es la oficina de Toulouse (atienden en español), pero todas son muy útiles y eficientes.

Oficina de Turismo de Toulouse (Office de Tourisme de Toulouse; *www.toulouse-tourisme.com/office-de-tourisme. Horario: de octubre a mayo, de lunes a sábados de 9.30 h a 18 h, domingos y festivos de 10 h a 18 h; de junio a septiembre: de lunes a sábado de 9.30 h a 19 h, domingos y festivos de 10 h a 18 h*) está detrás del Hôtel de Ville y la Place du Capitole, en el Donjon del Capitole. Proporcionan planos gratuitos y folletos, organizan visitas guiadas, facilitan asistencia para la reserva de alojamiento y expenden la tarjeta Pass Tourisme [pág. 33].

Oficina de Turismo del Departamento de Haute-Garonne (Comité Départamental du Tourisme de la Haute-Garonne; *www.hautegaronnetourisme.com. Horario:*

igual que la oficina de turismo de la ciudad) está ubicada en la Rue Bayard, 14 y dispone de una excelente documentación sobre estancias en el medio rural, senderismo, actividades deportivas y termalismo. Distribuye gratuitamente diversas publicaciones con información sobre casas rurales, planos del departamento y rutas por el Garona.

Otros organismos que resultan muy útiles para preparar las excursiones por los alrededores son la **Oficina de Accueil des Villes Francaises** (*https://avf.asso.fr/toulouse*), en el número 28 de la place Arnaud Bernard, y el **Comité Régional du Tourisme Occitanie,** *(www.tourisme-occitanie.com),* en el 15 de la Rue Rivals. También la página web de Midi Pyrénées, *www.region-midi-pyrenees.com*.

Temperaturas (°C)

Mes	°C	Mes	°C
Enero	10,5	Julio	25,1
Febrero	10,4	Agosto	27,7
Marzo	11,5	Septiembre	26,4
Abril	14,2	Octubre	20,1
Mayo	18,8	Noviembre	14,8
Junio	21,6	Diciembre	11,3

Seguros y sanidad. En Toulouse y en toda Francia, se puede utilizar la Tarjeta Sanitaria Europea, que certifica el derecho a recibir cobertura sanitaria gratuitamente, así como el reintegro de todos los gastos médicos originados durante el viaje, previa presentación de justificantes y recibos.

En caso de precisar medicamentos con receta, se recomienda pedir que el médico la redacte empleando el nombre genérico del medicamento para ser localizado con más facilidad en las farmacias. Existe un teléfono de farmacia 24 horas (05 61 33 00 00; http://www.sosmedecins31.org), y una **farmacia** con horario nocturno, de 20 h a 8 h: *Pharmacie de Nuit*; Allée Jean Jaurès, 70-76 (entrada por la rue Arnaud-Vidal). Telf. 05 61 62 38 05.

Alojamiento. Toulouse cuenta con casi 9.000 plazas hoteleras con un abanico que incluye todas las categorías. Se hace imprescindible, sin embargo, reservar en temporada alta y en aquellas fechas que coincidan con ferias y festivales.

Como en cualquier otro lugar, los hoteles varían enormemente en cuanto a calidad y precio. Los hoteles de lujo no son muy céntricos, mientras que los situados en el casco antiguo son generalmente los que corresponden a la categoría de hostal en España.

En los pueblos próximos se pueden encontrar *chambres d'hotes* y hoteles rurales agrupados en el listado de la **Maison des Gîtes de France** (*www.gites-de-france. com*). Igualmente, Toulouse cuenta con dos campings bien situados, el **Camping Toulouse Le Rupe** (*www.vap-camping.fr/camping-de-toulouse*), en 21 Chem. du Pont de Rupé, y el **Camping de la Bouriette** (*ww.camping-la-bouriette-toulouse.fr*), 199 Chem. de Tournefeuille.

La tarjeta **Pass Tourisme** o la app **Toulouse Pass Tourisme** ofrecen descuentos en algunos hoteles. Además la oficina de turismo gestiona paquetes que incluyen entradas a los festivales acompañadas de noches de hotel.

 Pass Tourisme

Esta tarjeta turística permite obtener una entrada gratuita a los museos del centro urbano, una visita guiada organizada por la Oficina de Turismo, numerosos descuentos, y la posibilidad utilizar libremente todos los transportes públicos: metro, autobús y tranvía. La *Pass Tourisme* tiene carácter nominal y un precio de 20 euros. Si se añaden 10 euros más incluye también 10 desplazamientos en metro, autobús y tranvía. Para retirar su billete de 10 viajes con su *Pass Turisme*, diríjase a la recepción de la Oficina de Turismo o al punto de información del aeropuerto de Toulouse-Blagnac. La tarjeta en cuestión tiene una validez de diez días. Se puede descargar en el teléfono móvil por medio de una aplicación, *Toulouse Pass Tourisme*, o también comprar en la oficina de turismo y en la página web *www.toulouse-tourisme.com*.

Moverse por la ciudad.

El centro de la ciudad y los lugares de interés son perfectamente asequibles a pie sin necesidad de recurrir al transporte público. El uso del metro y los autobuses se hace necesario en caso de tener alojamiento en la periferia o para acceder al centro aeroespacial o la sede de *Airbus*.

La red de metro, tranvía, Téléo y autobús está gestionada por el consorcio **Tisséo** (*Station Métro Jean Jaurès, 16 All. Jean Jaurès Niveau -1; www.tisseo.fr*) con billetes y abonos comunes. Existen varias modalidades de billetes por número de viajes o días, con un precio de 1,80 € el billete único que permite hasta tres transbordos en el espacio de una hora desde la primera validación. Con las **tarjetas Pastel,** de recarga, se obtienen precios más ventajosos. *Tisséo* gestiona también servicios añadidos como la red de aparcamientos ubicada junto a las paradas de metro, que son gratuitos durante una hora para usuarios provistos de un billete validado en el autobús o el metro.

Metro. Toulouse cuenta con dos líneas de metro: A y B. La línea A atraviesa la ciudad del suroeste al noreste y la línea B de norte a sur con correspondencia en la estación Jean Jaurès. Las líneas A y B de metro funcionan todos los días a partir de las 5.15 h de la mañana hasta medianoche de domingo a miércoles y hasta las 3 h de la mañana jueves, viernes y sábados.

Tranvía. Tiene dos líneas, la T1 y la T2.

La línea T1 (Palais de Justice/MEETT) tiene 25 estaciones sobre un trayecto de 14 km, de Toulouse a Beauzelle pasando por Blagnac en 45 minutos.

La línea T2 (Palais de Justice/Aéroport), 16 estaciones de Toulouse a Blagnac en 32 minutos.

Téléo. Desde 2022 un teleférico con un recorrido de 3 km conecta Université Paul Sabatier con Oncopole, pasando por Hôpital de Rangueil, en tan solo 10 minutos.

Autobús. La red de transportes cuenta con 135 líneas que recorren el centro y permiten acceder a todos los barrios de la periferia. Se completa con la red de Transporte sobre pedido (Transporte a la carta; TAD) dirigido a las personas que viven en zonas que no cuentan con el servicio de autobús. Funciona previa reserva llamando, al menos dos horas antes, al telf. 05 34 35 05 05. Los fines de semana los horarios se amplian, en algunas líneas, hasta las 5 h de la mañana.

Taxis. Los taxis suelen ofrecer un servicio con precios que son ligeramente superiores a los de las ciudades españolas. La tarifa diurna funciona de lunes a sábado de

---

 Alquiler de coches

Europcar. Aéroport Toulouse Blagnac; 64 Boulevard Pierre Semard, 64. www.europcar.fr
Ada Location. Avenue des États Unis, 88. www.ada.fr
Budget. Aéroport de Toulouse Blagnac. www.budget.fr
Avis. Gare SNCF. Boulevard Pierre Sémard, 64. www.avis.fr
Hertz France. Gare Matabiau. Boulevard Pierre Sémard, 64. www.hertz.fr

Autobús pasando por delante de un poste del innovador teleférico Téséo.

7 h a 19 h, y la nocturna de lunes a sábado de 19 h a 7 h, y domingos y festivos durante todo el día. El precio de la bajada de bandera se sitúa sobre los 2 €, cantidad a la que se debe añadir 1,30 € por km durante el día o 1,80 € por km de noche. En todos los casos se cobra una tarifa mínima de 5,50 €. Una carrera sin salir del casco urbano se sitúa por encima de los 8 €. El servicio se solicita por teléfono o en las estaciones de taxis que se encuentran en la Place del Capitole, Place Wilson, estación de trenes Matabiau SNCF y el aeropuerto de Toulouse-Blagnac.

Existe un servicio de **taxis turísticos** para realizar visitas personalizadas con circuito de una hora y cuarto por el centro de la ciudad o de dos horas si se amplía la visita a la Aérospatiale, a la Cité de l'Espace o también a los cerros de Pech David. Los precios oscilan entre los 50 € y 70 €.

Alquiler de bicicletas. La bici es un medio muy eficaz y rápido para descubrir Toulouse. La ciudad está perfectamente habilitada para recorrerla en bicicleta, sin correr ningún riesgo ni demasiado esfuerzo. Existe una cultura de respeto al ciclista, y la urbe cuenta con una buena red de carril-bici y de aparcamientos habilitados junto a museos y monumentos.

Se opta por este sistema sobre todo para recorrer los caminos de sirga que bordean el Canal du Midi y el Canal de Brienne, así como las orillas de Garona. La ciudad cuenta con una amplia oferta de alquiler de bicicletas e información sobre rutas ciclistas. En la Oficina de Turismo facilitan folletos de rutas por la ciudad y los canales así como información de los paseos nocturnos organizados.

El ayuntamiento ofrece la posibilidad de circular por la ciudad en el llamado **Cycloville** (vehículo con asientos y tracción a pedal) para recorrer la ciudad por el perímetro interior a los bulevares.

Vélô Toulouse es el programa municipal por el que se ofrecen bicicletas públicas durante las 24 horas del día en más de 250 estaciones distribuidas por todos los barrios de la ciudad. El pago del alquiler, que puede ser tanto de corta como larga duración, se puede realizar de forma automática mediante tarjeta de crédito (*https://abo-toulouse.cyclocity.fr*).

Alquiler de vehículos. En un viaje corto a Toulouse no es necesario el alquiler de un coche aunque es un servicio muy útil para viajar por el país.

El aeropuerto cuenta con oficinas de las principales empresas de alquiler, que también tienen sucursales en el centro de la ciudad. Las tarifas siempre serán más ventajosas si se ha reservado desde España vía Internet [ver recuadro en la pág. 30].

Vocabulario básico

Saludos y frases de cortesía

Buenos días/ buenas tardes/hola	*Bonjour*
Buenas noches	*Bonne nuit*
Adiós	*Au revoir*
Por favor	*S'il vous plaît*
Gracias	*Merci*
De nada	*De rien*
Disculpe	*Pardon*
No importa	*Ça ne fait rien*
¿Cómo estás?	*Comment allez vous?*

Palabras y frases usuales

Sí	*Oui*
No	*Non*
De acuerdo	*D'accord*
¿Dónde está el/la	*Où est?*
Lo siento	*Je suis désolé*
¿Cómo se dice en francés?	
Comment on dit en français?	
Disculpe señor.	*Pardon*
Señor	*Monsieur*
Señora	*Madame*
Señorita	*Mademoiselle*
¿Habla español?	
Parlez-vous espagnol?	

Muchas gracias	*Merci beaucoup*
¡Con gusto!	*Avec plaisir!*
¡De nada!	*De rien!*
¿Qué es eso?	*Qu'est-ce que ce?*
¿Quién?	*Qui?*
¿Qué?	*Quoi?*
¿Por qué?	*Pourquoi?*
¿Cuándo?	*Quand?*
¿Dónde?	*Où?*
Más tarde	*Plus tard*
Antes	*Avant*
Después	*Après*
La mañana	*Le matin*
La tarde	*Le soir*
La noche	*La nuit*
Calle	*Rue*
Izquierda	*Gauche*
Derecha	*Droite*
Norte	*Nord*
Sur	*Sud*
Este	*Est*
Oeste	*Ouest*
Ayer	*Hier*
Mañana	*Demain*

En el restaurante

¡Salud!	*À votre santé!*
Desayuno	*Petit-déjeuner*
Almuerzo	*Déjeuner*
Arroz	*Riz*

Alcachofa	*Artichaut*	Mejillones	*Moules*
Berenjena	*Aubergine*	Morcilla	*Boudin*
Cebolla	*Oignon*	Ostras	*Huîtres*
Ensalada	*Salade*	Pato	*Canard*
Guisantes	*Petits pois*	Pavo	*Dinde*
Huevos	*Oeufs*	Pescado	*Poisson*
Leche	*Lait*	Pollo	*Poulet*
Lentejas	*Lentilles*	Rape	*Lotte*
Mantequilla	*Beurre*	Raya	*Raie*
Nabo	*Navet*	Salchicha	*Saucisse*
Pan	*Pain*	Ternera/vacuno	*Bœuf*
Pimienta	*Poivre*	Trucha	*Truite*
Queso	*Fromage*		
Sal	*Sel*		

Frutas y postres

Tortilla	*Omelette*	Albaricoque	*Abricot*
Trigo	*Froment*	Cereza	*Cerise*
Puerros	*Poireaux*	Fresa	*Fraise*
Pimienta	*Poivre*	Helado	*Glace*
Patatas	*Pommes de terre*	Hojaldre con fruta	*Tarte*
Celíaco/a	*coeliaque*	Limón	*Citron*
Vegano/a	*végétalien/ végétalienne*	Macedonia	*Salade de fruits*
Vegetariano/a:	*végétarien/ végétarienne*	Manzana	*Pomme*
		Melocotón	*Pêche*
		Naranja	*Orange*
		Natillas	*Île flotante*

Carnes y pescados

Atún o bonito	*Thon*	Postre	*Dessert*
Bacalao fresco	*Cabillaud*	Tarta salada	*Tourte*
Caracoles	*Escargots*	Uva	*Raisin*
Cerdo	*Porc*		
Cordero	*Agneau*		

Bebidas

Jamón	*Jambon*	Agua	*Eau*
Lenguado	*Sole*	Cerveza	*Bière*
Mariscos	*Fruits de mer*	Vino	*Vin*

Cómo ahorrar. Con diferentes carnés (familia numerosa, jubilado, discapacidad) se pueden conseguir interesantes descuentos en entradas, alojamientos, etc. Además, durante el "Printemps de septembre", los primeros domingos de cada mes y en eventos excepcionales, la entrada de algunos monumentos y museos es gratuita para todos los visitantes.

En general, conviene llevar el **Carné Internacional de Estudiante** (ISIC), que permite obtener descuentos en transportes, museos, teatros, etc. Además incluye un seguro de viaje que cubre los gastos de asistencia médica, hospitalización, indemnizaciones en caso de fallecimiento, repatriación e indemnizaciones por pérdida o daños del equipaje. Para obtener este carné es preciso acreditar que se está matriculado en un curso académico reconocido oficialmente, DNI o pasaporte, ser mayor de 12 años y una fotografía tamaño carné. Precio, 11 € (*https://isic.es/estudiante*).

Otro documento importante es el **Carné Internacional de Alberguista** (IYHF) con validez de un año y sin límite de edad. Se expide en los puntos de información juvenil y en los albergues con solo presentar el DNI y abonar el importe correspondiente (*www.reaj.com*).

No está de más tener el **Carné Joven Europeo** (European Youth Card), para jóvenes de hasta 30 años, que da derecho a descuentos en transporte, alojamiento, actividades culturales, y en los establecimientos y entidades adheridas al programa. Más información en *https://eyca.org*.

Horarios.
Los comercios y tiendas de alimentación mantienen un horario estable a lo largo del año, con una tendencia ligeramente más madrugadora que en España.

Los **museos y atracciones** cambian de horario de apertura dependiendo de la estación del año, pero cuando el horario de verano difiere del de invierno se especifica debidamente.

Los **bancos** permanecen abiertos de 9 a 17 h. Los **comercios** abren de 8 a 12 h y de 14 h a 18 h, mientras que los comercios de alimentación no suelen volver a abrir hasta media tarde, para cerrar entre 19.30 h y 20 h. Existen tiendas llamadas *épiceries,* que son locales en los que es posible encontrar comida y bebida, y que abren hasta las 24 h, o incluso más tarde.

10 h y cierran a las 17 h o 18 h. El horario de verano suele abarcar desde el mes de junio hasta mediados de septiembre, y normalmente se cierra a las 18 h en lugar de a las 17 h. Las **iglesias** y la **catedral** suelen permanecer abiertas durante todo el día, pero en el caso de que se encuentren cerradas se pueden visitar durante el horario de misas que normalmente está indicado a la entrada de cada templo.

Las **oficinas de correos** abren de 8 h a 12 h y de 14.30 h a 19 h, de lunes a sábado (sábado solo de 8 h a 12 h). Los **museos** abren a las

Las **farmacias** comparten el mismo horario que el resto de comercios, eso sí, con servicio de guardia anunciado en la puerta.

Idioma. El idioma de referencia absoluta es el francés. Los jóvenes dominan el inglés con soltura pero los mayores apenas lo hablan.

Todas las calles no referidas a nombres propios están rotuladas en francés y en la lengua occitana. Este idioma romance, muy similar al catalán, apenas se utiliza en el día a día (solo lo habla un 1 por ciento de la población local). El español es el segundo idioma más hablado en Toulouse, incluso más que el árabe, debido a la fuerte inmigración española tras la Guerra Civil.

Teléfono. Por lo general, todos los números telefónicos en Francia se componen de 10 dígitos incluido el antiguo código de zona, que en el caso de Toulouse corresponde al 05.

En casos especiales los dos primeros dígitos pueden significar servicios especiales (08) o llamadas a móviles (06). Para **llamadas na**cionales francesas (locales, provinciales o interprovinciales) hay que marcar todas las cifras del número. Cuando se llama **desde Espa-**

ña es necesario marcar el código de acceso a llamadas internacionales (00), el código de Francia (33) y el número de teléfono, pero reducido a 9 dígitos pues el (0) inicial se elimina.

Con la actual normativa aprobada en la Unión Europea (Francia es país miembro), en cuanto a la itinerancia de datos (lo que se conoce como *roaming*), está permitido hacer uso de nuestros dispositivos en el extranjero (dentro de la UE) sin recargo alguno. Esto incluye: llamadas a teléfonos móviles y fijos, el envío de mensajes de texto (SMS) y la utilización de los datos de nuestro teléfono móvil. Lo mismo pasa con la persona que llama. Es decir, durante la estancia en Toulouse se paga lo mismo que en España por hacer uso del móvil. Esto, sin duda, es muy cómodo y práctico a la hora de hacer el viaje. Ya no hace falta ir a una cafetería con Wi-Fi para poder navegar por la red. Resulta especialmente útil porque ahora

Teléfonos de urgencias

Emergencias: 112.
SAMU (ambulancia): 15.
Bomberos: 18.
Policía: 17.
Todos son gratuitos.

se puede consultar el GPS del móvil para llegar al destino sin problemas. Además, Toulouse cuenta con una red pública de Wi-Fi.

Medios de comunicación.
El diario más vendido es *La Depeche du Midi*, que cubre toda la región de Midi-Pyrénées e incluye una interesante sección de ocio y agenda cultural.

VìàOccitanie Toulouse (https://viaoccitanie.tv) es una cadena de televisión local dedicada casi en exclusiva a sucesos e información de tráfico y tiempo. *Intramuros (www.intratoulouse.com)* es una revista mensual gratuita que incluye toda la agenda cultural de la ciudad. Editado por la Oficina de Turismo, los folletos de verano y de invierno, recogen toda la información de ocio y cultura en estas épocas del año, y se pueden conseguir en la propia oficina. Existen también guías del ocio y revistas gratuitas especializadas en música, teatro y cultura. Las más interesantes y completas son: *Let´s Motiv (www.letsmotiv.fr)* y *Ramdam (www.ramdam.com)*.

Seguridad ciudadana. El centro urbano de Toulouse es una zona segura donde casi no se producen agresiones o robos.

A pesar de esto, resulta muy aconsejable extremar las precauciones por la noche en zonas apartadas, parques, barrios marginales y áreas donde se ejerce la prostitución como los alrededores de la estación ferroviaria y la Place Belfort.

Días festivos

En Francia hay diez días festivos para todo el territorio nacional. 1 de enero, 1 de mayo (Fiesta del Trabajo), 8 de mayo (celebración del fin de la Segunda Guerra Mundial), lunes de Pascua, jueves de la Ascensión, 14 de julio (Fiesta Nacional), el 15 de agosto, 1 de noviembre (Todos los Santos), 11 de noviembre (Armisticio) y el 25 de diciembre (Navidad). Durante estos días, las administraciones, bancos y comercios están cerrados.

Bares y discotecas. En su calidad de ciudad universitaria, Toulouse desborda mucha vitalidad no solo en las terrazas sino en los locales nocturnos. Son abundantes las salas de conciertos y los bares con música en directo, especialmente los fines de semana.

En las plazas del Capitole y Saint George abren las terrazas durante todo el día, mientras que las plazas de la Daurade y Saint-Pierre son ocupadas por un público más juvenil y abren hasta más tarde. Los bares suelen cerrar entre la 1 h y 2 h. La mayoría de las discotecas abren hasta el amanecer aunque conviene precisar que los *after hours* están fuera del casco urbano.

Teatro y festivales. Toulouse ofrece una intensa programación de música clásica, jazz y teatro cuya cartelera se puede consultar en revistas gratuitas como *Let´s Motiv* o *Ramdam*.

Las entradas para los diferentes espectáculos se pueden adquirir en los lugares de la representación o bien reservándolas en la Oficina de Turismo (*www.turismo-toulouse.es*).

Viajeros discapacitados. Poco a poco la vida pública se ajusta a las necesidades de los discapacitados y ancianos, que cada vez son más.

Todas las estaciones nuevas tienen ascensores y proporcionan información sobre ello en las oficinas de transporte público. Los hoteles normalmente indican si tienen habitaciones especialmente adaptadas para discapacitados. Información en español dan en la página de la oficina de turismo (*www.turismo-toulouse.es*). En la web, *https://equalitasvitae.com*, algunos viajeros discapacitados relatan sus experiencias de viaje en la ciudad (hotel, transportes, restaurantes, etc.).

Calendario de fiestas y eventos

Enero

C'est de la Danse Contemporaine. Festival dedicado a la creación coreográfica con atención a las últimas tendencias internacionales.

Made in Asia. Conciertos, exposiciones y conferencias sobre el mundo asiático.

Febrero

Festival de la Violeta. Toda la ciudad rinde culto a su flor más querida.

Marzo

Le Printemps du Rire. Primer festival de humor de Europa con espectáculos y todo tipo de representaciones.

Les Rencontres Cinémas d'Amérique Latine. Festival de Cine latinoamericano.

Traverse video. Ciclo de representaciones y exposiciones de videoarte.

Festival Flamenco. El mayor festival flamenco fuera de España. Espectáculos, cursillos y exposiciones.

Zoom arrière. Festival centrado en la recuperación del patrimonio cinematográfico.

Abril

Feria Internacional de Toulouse. Uno de los mayores eventos comerciales y de exposiciones del sur de Francia.

Junio

Le Marathon des Mots. Recitales de poesía, cuentacuentos y lectura de textos. Son cuatro días dedicados a la palabra y la literatura.

Río Loco. Festival de músicas del mundo con un homenaje al Garona.

Les Siestes Electroniques. Son una serie de conciertos que están centrados fundamentalmente en la música ambiental y *chill-out*.

Julio y Agosto

Toulouse d'Eté. Festival de músicas plurales con especial atención a Toulouse y su región.

Festival Ravensare. Un festival donde se concentran disciplinas artísticas como danza, conciertos, exposiciones.

Tangopostale. Semana dedicada al tango en la ciudad en la que nació el tanguista Carlos Gardel.

Septiembre

Piano aux Jacobins. Festival Internacional de piano orientado al descubrimiento de nuevos talentos y repertorios desconocidos.
Le Printemps de Septembre. Festival de carácter totalmente gratuito dedicado a las artes visuales y al espectáculo en vivo.
Festival Occitania. Festival intercultural que abarca la creación cultural en su totalidad, dedicado a recuperar vínculos con el mundo mediterráneo y oriental.

Octubre

Toulouse les Orgues. Conciertos de órgano en las diferentes iglesias de la ciudad.
Cinespaña. Festival que rinde homenaje al cine español y portugués.

Noviembre

Séquence Court-Métrage. Festival de cortometrajes que se desarrolla dentro de la Cinemateca de Toulouse y en el cine ABC.
Festival Danse et Continents Noir. Es un festival de danza étnica.

Diciembre

Jazz en Scénes. Festival de jazz centrado en músicos franceses.
Mercado Navideño. Mercado invernal ubicado en la Place del Capitole durante todo el mes de diciembre.

LA VISITA

Visita a Toulouse

Toulouse es la Ville Rose por el color rojizo de los ladrillos de la mayoría de sus edificios. Esta es la primera impresión que sorprende al visitante al llegar a la ciudad: el ladrillo y el trazado medieval de las calles, dentro de un diseño urbano hecho a la medida humana. Son dos aspectos llamativos de una ciudad seductora y especialmente elegante, cuando el sol de la tarde se refleja sobre el rojo intenso de los ladrillos. Una urbe irregular, humana y sugestiva, que es al mismo tiempo cosmopolita y provinciana, mantiene un delicioso equilibrio entre norte y sur. En este caso, con más inclinación a lo meridional por el clima y la vitalidad latina que han impregnado a su carácter las sucesivas oleadas migratorias y la enorme población universitaria que alberga. Una fusión que junto a su carácter fronterizo hacen de Toulouse una de las urbes más vitales y dinámicas del

Pont-Neuf

sur de Europa. Pero también es una ciudad norteña con la seriedad y el orden propios de todas las ciudades francesas. Este tono procede del discreto papel en el que la ciudad ha permanecido durante siglos hasta que recobró, hace más de 50 años, su importancia tras acoger a importantes empresas relacionadas con la industria aeroespacial europea.

Planificación

Al menos se necesitan dos o tres días para conocer lo más importante en una visita que, por fuerza, debe de estar bien planificada, porque pueden quedar lugares de interés sin visitar por falta de tiempo. Se aconseja realizar el máximo de los trayectos a pie para poder disfrutar mejor los diferentes recorridos, y solo usar el transporte público para acceder a los puntos de partida o acortar algunas distancias.

Para orientarse

La parte más relevante de Toulouse es el espacio que tiene al Garona como eje y a la Place du Capitole como centro geométrico y neurálgico. En la orilla oeste del Garona queda el barrio de Saint Cyprien, sin otro atractivo que el nostálgico al haber sido el lugar donde se instalaron la mayor parte de los exiliados españoles tras la Guerra Civil.

Place du Capitole

Es la plaza principal de Toulouse [ver pág. 10. Imprescindibles], su centro vital y el lugar donde se llevan a cabo todas las celebraciones locales. Mantiene un mercadillo casi permanente y acoge un gran número de cafés y terrazas.

En el exterior de la plaza y con anterioridad, conviene hacer un alto en el **Donjon du Capitole** (Torre del Homenaje del Capitole; *visita gratuita, de lunes a sábados de 9.30 h a 18 h –hasta las 19 h de junio a septiembre–, domingos y festivos de 10 h a 18 h*) levantada en el siglo XVI por los *capitouls* como sede de los archivos y donde actualmente se encuentra la Oficina de Turismo de Toulouse. Íntegramente restaurada por Viollet-le-Duc en el siglo XIX con un campanario estilo flamenco en pizarra, que llama la atención en una ciudad donde domina el ladrillo y tejados con poca pendiente. La **torre** se salvó en el siglo XIX de los cambios urbanos realizadas por Haussmann, con la apertura de nuevas calles y siguió utilizándose para guardar los documentos y archivos de la ciudad hasta 1946, momento en que pasó a ser la oficina de turismo de Toulouse.

Desde el parque de la torre se pasa directamente a la plaza por el pasadizo bajo el Ayuntamiento. La plaza sorprende tanto por sus dimensiones como por los edificios que la enmarcan, entre los que destacan los 128 m de la fachada del Capitole, el Ayuntamiento.

El Capitole es en la actualidad la sede del **Ayuntamiento** (*visita gratuita, a diario, de 8.15 h a 18.45 h; los horarios pueden variar si hay previstos actos oficiales u otros eventos*) y del **Teatro Nacional del Capitole**. Su construcción concluyó en 1759. Predomina el estilo neoclásico que cobra especial relevancia en las 8 columnas en mármol rosado que encarnan a los ocho magistrados, los *capitouls*, que antiguamente gobernaban cada uno de los ocho barrios de la ciudad y fueron quienes decidieron su construcción. El interior alberga la **Salle des Ilustres**, inspirada en la Galería Farnese de Roma y lugar donde el alcalde de la ciudad oficia las bodas, con los bustos de los notables de Toulouse y

Arriba, vista exterior de la plaza.
Resto de las fotos, diversas salas
en el interior del Capitole.

unas magníficas pinturas y molduras en el techo.

En el recorrido por la plaza se puede contemplar la **cruz del Languedoc**, emblema de la ciudad y de la región. En el techo de las arcadas de la parte oeste, **Arcades du Capitole,** son dignas de admirar 29

Notre-Dame du Taur

pinturas realizadas por el artista Raymond Moretti que representan Toulouse desde la Prehistoria hasta la actualidad –la 23 está dedicada a la Guerra Civil en España–; también aparecen sus hombres más célebres, incluido Carlos Gardel, que nació en esta ciudad el 11 de diciembre de 1890. Después de la última pintura, se ha instalado un espejo que refleja al visitante y por lo tanto quiere representar el momento presente. Es una recomendable galería de arte al aire libre en el corazón de la ciudad.

La Place du Capitole puede ser punto de partida de diferentes recorridos. Las dos calles situadas en sus extremos ofrecen varias opciones: por un lado se puede ir por Rue Saint Rome para adentrarse en el Vieux Quartier hasta el Pont Neuf, o bien tomar Rue du Taur para recorrer los alrededores de Saint Sernin.

Alrededores de Saint Sernin

Desde el norte de la Place du Capitole se abre la animada **Rue du Taur**, una estrecha calle bordeada de anticuarios y librerías por la que antiguamente transitaban los peregrinos que acudían a la tumba de Saint Sernin (San Saturnino). Precisamente el nombre de *taur* ("toro" en occitano) remite al martirio del primer obispo de Toulouse, quien

Algunos productos gourmet

Los espectaculares mostradores de los mercados tradicionales –Carmes, Victor Hugo o Saint Cyprien– testifican el refinamiento con el que los franceses presentan las exquisiteces gastronómicas. Los **productos gourmet** (foie, hongos, conservas y charcutería fina) están presentes en tiendas especializadas como la *Boutique des Saveurs* (Rue Ozonne, 1) o *Samaran* (Place Victor Hugo, 18). Toulouse cuenta igualmente con una buena muestra de **panaderías-boutique** donde se pueden comprar más de veinte variedades de pan como *Fournil de Víctor Hugo* (Place Victor Hugo, 21) o *Maison Fournier* (Rue Gambetta, 35) que vende panes hechos con levadura natural y multitud de sabores y componentes.

En cuestión de **quesos** hay direcciones obligadas en Toulouse: *Chez Betty* y *Sena*, en el Mercado de Carmes, y *Xavier* en el mercado de Victor Hugo, cuyo propietario, François Bourgon, ostenta el título de *Meilleur Ouvrier de France.* Son tres tiendas que demuestran que se puede comer un queso diferente cada día del año.

La excelente **repostería** de Toulouse tiene sus mejores muestras en *Castan* (Avenue Saint Exupery, 188) especializado en los bombones palets, *Maison Pillon* (Rue Ozonne, 2) con chocolates *grands crus*, *Bello & Angellí* (Rue Victor Hugo, 4), con chocolates artesanos famosos por sus creativas combinaciones como Capitole, con violeta, o *Le Paradis Gourmand* (Rue des Tourneurs, 45) donde experimentan con todo tipo de sabores dulces.

Y, por supuesto, Toulouse no es ajena a la ola eco-gastronómica que arrasa Europa. Se pueden comprar **productos de agricultura bioecológica** en tiendas como *Le Domanine des Longchamps* (Rue de Tourneurs, 12) o en *Grandeur Nature Biocoop* (Avenue des Ecoles-Jules-Julien, 21) donde además de legumbres, vinos y quesos ecológicos despachan pan biológico del día.

según la tradición fue arrastrado por un toro desbocado por las calles de la ciudad. El lugar donde se hubiera roto la soga que arrastraba al santo corresponde al número 12, donde se alza la interesante **Église de Notre-Dame du Taur** (*visita, de 14 h a 19 h, domingos de 10.30 h a 12.30 h*), construida en el siglo XIV con ladrillo, un material que permitió crear algunas combinaciones decorativas interesantes. La fachada está flanqueada por torres octogonales y rematada por un gran campanario con numerosas almenas y un frontón triangular que sirvió de modelo en numerosas iglesias de la región.

El paseo por la Rue de Taur concluye frente a uno de los puntos fuertes del patrimonio monumental de Toulouse, la **Basilique de Saint Sernin** (*visita, de 10 h a 17.30 h; www.basilique-saint-sernin.fr*). Está catalogada como la mayor iglesia románica de Occidente y fue durante mucho tiempo parada obligada del Camino de Santiago. Su majes-

Mercados y mercadillos

Mercado de Carmes. La mejor referencia para adquirir productos gastronómicos. Abre todos los días por la mañana en la Plaza de Carmes.

Mercado Victor Hugo. Es el más prestigioso de Toulouse y uno de los más famosos de Francia. Los más de 80 puestos reunen los "grandes nombres" de la gastronomía tolosana: carnes, pescados, quesos, aceitunas, panes, pasteles, vinos… Se puede comer algo rápido o subir al primer piso donde están los restaurantes.

Mercado de Saint Cyprien. Compras gastronómicas y flores en un mercado techado que ha conservado la cubierta original.

Mercado Cristal. Boulevard de Strasbourg. Mercado al aire libre en un paseo muy concurrido a la sombra de plataneras. Abre por la mañana, excepto los lunes. Principalmente frutas y verduras.

Mercadillo de Saint Aubin. Mercadillo dominical en la Place Saint-Aubin.

Brocante des Allées. Antigüedades y mobiliario. Se celebra el primer fin de semana de cada mes en las Allées François Verdier.

La Garonne Expose. Los domingos, en la plaza de la Daurade. Todo tipo de artistas exponen y venden su obra.

tuosidad ya se aprecia desde la calle Taur, por donde entraban los peregrinos, con una amplia visión de su característico campanario octogonal. Esas enormes dimensiones de 115 m de largo, con nave central y naves laterales, corresponden a la necesidad de permitir la circulación de peregrinos sin que se interrumpieran las misas.

Fue construida entre 1080 y mediados del siglo XIV y sometida a la restauración de Viollet-le-Duc en el siglo XIX. El material utilizado es el ladrillo rosáceo característico de Toulouse, salvo los pórticos laterales y contrafuertes. Además de albergar la **sepultura de San Saturnino**, la cripta de la basílica contiene numerosas reliquias y cálices.

Junto a la basílica se levanta, en un bello edificio del siglo XVI, el **Musée Saint-Raymond-Musée des Antiques de Toulouse** (Museo San Raymond-Museo de las Antigüedades de Toulouse; *visita, de 10 h a 18 h, excepto lunes*), que está ubicado en el antiguo Colegio Saint-Raymond, construido

en 1523 y restaurado en el siglo XIX por Viollet-le-Duc, un edificio que en sí mismo tiene un gran atractivo, especialmente el patio-jardín donde se obtienen unas buenas vistas de la basílica. El museo expone piezas que datan de comienzos de la Edad de los Metales (2000 a.C.) al siglo VIII d.C.

Abundan restos arqueológicos funerarios de la época galorromana y de la necrópolis paleocristiana de Toulouse (se puede conocer más sobre el período romano en la ciudad visitando también su anfiteatro romano, pág. 76).

A partir de la Place de Saint Sernin arranca uno de los barrios más coloristas de Toulouse, con una población mayoritaria de origen magrebí, sucesión de bares, tiendas y bazares llenos de toda suerte de cachivaches y utensilios. Uno de sus paseos consiste en tomar la Rue Valade en busca del Garona y el Puente de Saint Pierre o volver a la Place du Capitole por la Rue de Taur.

Torre de
Saint Sernin.

57

Por el Vieux Quartier

Desde la Place du Capitole y a través de la comercial Rue St Rome se llega al Vieux Quartier (Barrio Antiguo), un entramado de callejuelas del siglo XVIII que se extiende hasta la orilla del río. El recorrido permite disfrutar de algunos de los mejores rincones de la ciudad, como las **plazas St. George, Trinité** y **D'Occitane**, visitar pequeños museos e iglesias y contemplar las fachadas de los *hôtels* (palacetes) que a partir del siglo XVI construyeron los mercaderes enriquecidos con el comercio del tinte azul conocido como "pastel" [pág. 59]. Uno de los más lujosos es el **Hôtel de Clary** (también conocido como Hôtel de Pierre o de Bagis) situado en el número 25 de la calle Dalbade (*entrada limitada al patio*). Fue edificado a partir del siglo XVI por encargo de Jean de Bagis, presidente relator del Parlamento y ampliado sucesivamente en el siglo XVII y XIX. La estructura general, el patio y la fachada de sillares adornada con suntuosas esculturas realizadas por el arquitecto y escultor Nicolas Bachelier, autor de numerosas obras en Toulouse, data del siglo XVI. Su segundo propietario, François de Clary, colocó piedras en la fachada, lo que le valió el nombre en occitano de *oustal de peiro*: casa de piedra.

Otro de los palacetes más bellos de Toulouse es el **Hôtel du Vieux Raisin** (Hotel del viejo Racimo; *visita limitada al patio*) situado en el 36 de la Rue du Langue-

Claustro de Les Jacobins

Ambiente de día en Toulouse
(véase plano de las pág. 60-61)

🔘 **Place du Capitole**

Es el centro vital de Toulouse y una de las plazas más animadas que aglutina un gran número de cafés y terrazas. Tiene un mercadillo casi permanente. Su prolongación a través de la animada rue du Taur es otra calle que concentra mucho movimiento por sus tiendas de antigüedades y librerías de viejo.

🔘 **Place de la Daurade**

A orillas de Garona, es una zona de embarcaderos y playas artificiales en verano, donde se pueden dar buenos paseos por los muelles y los puentes. Junta una gran cantidad de cafés centenarios y tiene un patrimonio monumental más que notable.

🔘 **Alrededor de la Cathédral de Saint Etienne**

Una de las mejores zonas comerciales de Toulouse. La prolongación de la calle Metz además ofrece gran ambiente gracias a la sala de conciertos *La Halle aux Grains,* en cuyos alrededores han proliferado bares y restaurantes con clientela joven.

doc. Fue construido en 1516 para Béringuier Maynier, un *capitoul* muy aficionado al arte italiano. El nombre procede de una cercana calle así llamada donde existía una taberna cuyo rótulo representaba un racimo de uvas. Todo el palacio y sus adornos en piedra imitan el arte italiano y tienen un marcado gusto por la antigüedad, con torre renacentista, escalera de caracol, medallones con bustos en las ventanas y cariátides en las fachadas del patio.

Entre las riquezas religiosas del Vieux Quartier destaca el convento de **Les Jacobins** (Rue Pargaminières, 69. *Metro: Capitole. Visita, todos los días, excepto lunes, de 10 h a 18 h; entrada gratuita a la iglesia; entrada claustro: 5 €; https://jacobins.toulouse.fr*), totalmente restaurado en 2015, un conjunto de iglesia y claustro considerado una auténtica joya del arte gótico del Languedoc y modelo de construcción monástica de los siglos XIII y XIV. Fue erigido a partir

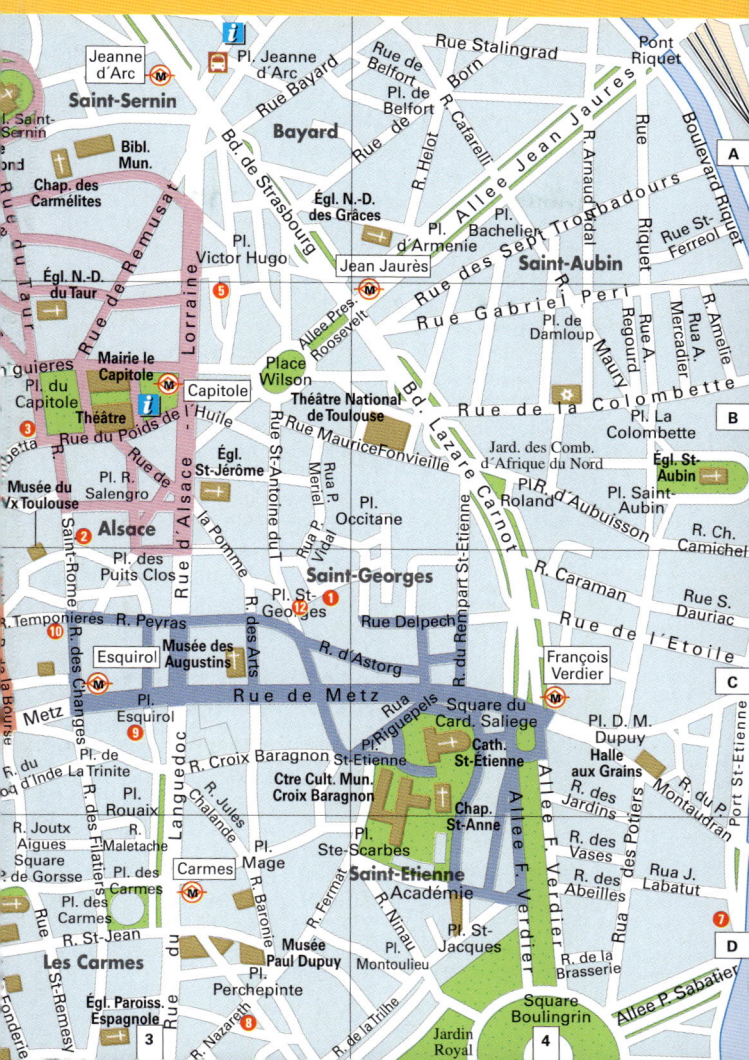

de 1215 como sede central de la orden de los dominicos (o jacobinos según la nomenclatura francesa) nada más ser fundada por Santo Domingo de Guzmán. Destaca el **claustro** enteramente realizado en ladrillo y la **iglesia** cuyo interior es de una sorprendente ligereza, con una doble nave separada por columnas terminadas en bóvedas estrelladas, una de las cuales es la célebre **palmera** de 22 nervaduras que sostiene el coro poligonal. Son también importantes el **campanario**, que data de 1298 y con influencias del de Saint-Sernin y el **altar mayor** donde reposan los restos de Santo Tomás de Aquino (1225-1274), primera cabeza visible de esta orden religiosa.

También resulta interesante, para conocer las distintas épocas de riqueza en Toulouse, el **Museo del Vieux Toulouse** (Museo Histórico de Toulouse. *Rue du May, 7. Visita, de abril al 30 de noviembre, de 14 h a 18 h, domingo cerrado. Entrada: 5 €*). Está situado en un palacete del siglo XVI donde se explica la historia, sus instituciones y su forma de vida a través de documentos y testimonios gráficos.

El **Hôtel de Bernuy** (*visita solo del patio, de lunes a viernes de 8 h a 18 h, cerrado el fin de semana*) de la Rue Gambetta posee la torre de escaleras octogonal más alta de la ciudad Fue construido en 1504 por Jean de Bernuy, un judío español afincado en Toulouse tras ser expulsado de Toledo por la Inquisición. Fue el más importante negociante de "pastel" de su época, llegando a amasar una fortuna con la que se permitió el lujo de pagar el rescate por Francisco I tras su derrota en Pavía. El palacete es obra del arquitecto Louis Privat, que se inspiró en modelos renacentistas. Actualmente alberga parte del **Instituto y Colegio Pierre de Fermat**.

Otro poderoso comerciante fue Pierre de Asséeat, que encargó a Nicolas Bachelier en el siglo XVI el palacio que lleva su nombre, a imagen y semejanza del Louvre. El **Hôtel de Asséeat** es actualmente la sede de la **Fondation Bemberg** (*Metro: Esquirol. Debido a la reforma realizada, para horarios de visita y tarifas visitar www.fondation-bemberg.fr*), un museo privado desde 1995 con una exposición permanente de estatuas de bronce, objetos, muebles, esmaltes y una notable colección de pintura con obras de Corot, Van Dick, Manet o Tintoretto. Por su sobresaliente colección de obras impresionistas es una visita más que recomendable para los amantes de la pintura. Ha reabierto sus puertas en 2024 tras someterse a una profunda renovación.

Toulouse y el color pastel

Toulouse vivió su "siglo de oro" entre 1463 y 1560, cuando la ciudad fue el centro europeo de producción del tinte azul conocido como pastel. El clima de la región era idóneo para el cultivo de la hierba pastel cuyas hojas se trituraban para formar unas bolitas llamadas cocas o *cocagnes*, de las que se obtenía el colorante azul usado para teñir las telas. Fue tal el éxito del tinte que a Toulouse se le lla-

mó el *País de la cocagne*. La riqueza duró hasta la llegada del añil a Occidente, más barato, ante el que el pastel acabó perdiendo su competitividad. De aquel esplendor quedan huellas en los suntuosos palacetes que los comerciantes mandaron edificar y que se pueden apreciar en las fachadas de alguos edificios:
Hôtel de Bernuy (Rue Gambetta, cerca de la Place du Capitole), **Tour Pierre de Serta** (Rue Saint-Rome, 2, 4), **Hôtel d'Astorg** (Rue des Changes, 16), **Hôtel d'Arnault de Brucelles** (Rue des Changes, 19), **Hôtel Delfau** (Rue de la Bourse, 20; actualmente alberga la tienda *La Fleurée de Pastel*), **Hôtel Hugues de Boysson** (Rue Malcousinat, 11), **Hôtel d'Assézat** (Place d'Assézat), cerca de la Rue de Metz, **Hôtel du Vieux Raisin** (Rue du Languedoc, 36).

Nostalgia del cine español

Que la **Filmoteca de Toulouse** incluya en su programación anual un festival dedicado exclusivamente al cine español, no tiene nada de extraño, ya que estamos hablando de una de las ciudades francesas con más influencia española. Este ascendiente se remonta a la época en la que la región era territorio fronterizo, pero se incrementó tras la Guerra Civil, cuando más de 100.000 exiliados republicanos se instalaron en la región y que con el paso del tiempo se fueron diluyendo en la sociedad francesa. Permanecen ecos de ese influjo en algunos usos y costumbres de la animada sociedad tolosana, y en el censo queda la huella más difícil de borrar, con abundancia de nombres y apellidos españoles repartidos por rótulos de talleres, comercios y bares.

Antes de dirigirse al Garona y sin salir de la zona, un pequeño desvío por la Rue Metz permite visitar algunos importantes elementos del patrimonio de Toulouse así como la turística **Place Wilson** y especialmente la **Rue de Alsace-Lorraine**, con lujosas tiendas de moda y animadas terrazas.

En la confluencia de Alsace-Lorraine con Metz se sitúa el interesante **Musée des Augustins** (*actualmente cerrado por obras de renovación, está prevista su reapertura en el otoño de 2025;* www.augustins.org) cuyo principal atractivo es el conjunto monástico del siglo xiv con claustro, iglesia y salas capitulares, que se considera una joya del arte gótico languedociano. Como museo tampoco desmerece, con una notable colección de pintura, con especial atención en los artistas de las escuelas francesa, italiana y flamenca y esculturas que van desde la época romana a Rodin y Claudel.

Siguiendo la Rue Metz se llega a la **Cathédrale de Saint Etienne** (*visita, todos los días de 8 h a 19 h,* *domingos, de 9 h a 19 h; http://paroissescathedraletoulouse.fr)*, un templo de estructura sorprendente cuya construcción duró del siglo XII al XVII por lo que conjugó casi todos los estilos de la arquitectura religiosa francesa, especialmente el gótico meridional con el septentrional. Del interior destacan sus espléndidas vidrieras, la sillería del coro, el órgano instalado a gran altura, tapicerías y cuadros, un gran rosetón y las 17 capillas que la circundan. Además, Pierre Paul-Riquet, creador del Canal du Midi está enterrado aquí.

La prolongación de la calle Metz es una zona cuyo ambiente ha mejorado notablemente gracias a la estupenda sala de conciertos *La Halle aux Grains*, mercado del trigo, en cuyos alrededores han proliferado bares y restaurantes con clientela joven.

A orillas del Garona

Retomando la Rue Metz desde el Hôtel Assézat, buscando el Garona, se llega a la **Place de la Daurade**, zona de embarcaderos y de playas artificiales en verano. Son

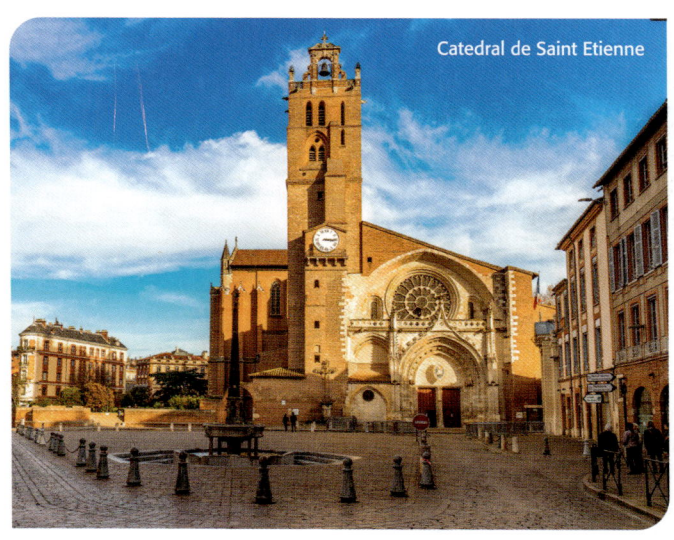

Catedral de Saint Etienne

las inmediaciones del Pont Neuf desde donde se distingue, dominando los tejados del barrio de Saint Cyprien en la orilla opuesta, la cúpula del **Hôtel Dieu de Saint Jacques**, antiguo hospital de peregrinos.

En la plaza de la Daurade destaca la enorme mole de **l'Eglise de la Daurade** (*visita, de 8.30 h a 19 h y a 18.30 h en invierno. Entrada gratuita*), un edificio construido en el siglo XVIII con una sola nave, sucesora de un primitivo templo pagano y de un monasterio benedictino. Convertida en iglesia consagrada a la Virgen, fue decorada con una capa de mosaicos sobre fondo de pan de oro cuyo brillo le da nombre (*Daurade*: dorada). Se trata de una basílica de una sola nave con capillas a ambos lados, que alberga una Virgen negra muy venerada por los vecinos.

La Place de la Daurade es el punto desde el que parten los barcos y gabarras que llevan a cabo paseos explicativos por el Garona y los canales.

El **Pont-Neuf** es un puente de ladrillos de peculiar diseño que forma parte de la identidad de la ciudad. A pesar del nombre, es el más antiguo de Toulouse, ya que sustituyó al Puente de la Daurade, destruido por una riada en un punto frente a la plaza donde todavía se pueden ver algunos de sus pilares. La construcción del Pont-Neuf se inició en 1544, pero las obras no finalizaron hasta 1632 debido a la interrupción ocasionada por las Guerras de Religión. Originalmente fue utilizado como conexión del barrio extramuros de **Cours Dillon** con el casco histórico. Contaba con un arco de triunfo de entrada que fue destruido en 1860.

El puente tiene como principal característica sus pilares en forma de picos y las aberturas entre los arcos, que sirven para aliviar la pre-

Plaza de la Daurade

sión del agua durante las crecidas del río. Los arcos de mayor tamaño se situaron en los laterales para evitar las inundaciones, algo que destaca en su arquitectura. En la otra orilla del río, dentro del barrio de Saint Cyprien, se extiende el **parque de La Prairie des Filtres,** un agradable espacio poblado de deportistas, famlias, grupos de amigos... Es también sede del festival musical *Río Loco*, uno de los más animados de la nutrida cartelera cultural de la ciudad.

En el mismo lugar se ubica también la sala de exposiciones el **Château d'Eau** (Castillo de Agua. *Place Laganne, 1. Metro: Saint-Cyprien République. Visita, de martes a domingo de 12 h a 18 h; entrada, 5 €; https://chateaudeau.toulouse.fr*). Esta galería está situada en el antiguo aljibe construido en 1823 que suministraba agua a las fuentes de la ciudad. Todavía hoy se puede observar el primitivo dispositivo hidráulico.

La galería fue fundada en 1974 por el fotógrafo Jean Dieuzaide para exponer imágenes sobre el pasado y el presente de la fotografía. Es centro, igualmente, de interesantes exposiciones temporales. Para contemplar bien el Pont-Neuf es oportuno dirigirse hacia el **Puente de Saint Pierre** en un paseo por el Quai de la Daurada, que mejora de noche cuando el puente está iluminado. Entre ambos puentes se encuentran dos de los cafés bohemios más famosos de Toulouse: **Café des Artistes** y la **Brasserie des Beaux Arts.** En el trayecto aparece la represa que permite mantener el nivel de las aguas del Garona y dirigirlas hacia el molino, donde está el **Espace EDF Bazacle** (*Quai Saint Pierre, 11, Visita gratuita, de martes a domingo de 10 h a 18/19 h; www.edf.fr*), curioso lugar de interés para los aficionados a la arqueología industrial.

El molino aparece mencionado en documentos del siglo XI y en su mejor momento llegó a mover 24 ruedas que podían moler 45.000 kg de grano al día. Posteriormente hubo talleres de curtidores, hilanderos y cigarreros hasta que en 1889 se convirtió en central eléctrica, de la que se conservan sus **turbinas** en el pequeño museo de la ingeniería hídrica

Jardín botánico y el río Garona.

 **Cruceros fluviales**

L'Occitania (*Boulevard de Bonrepos, Canal du Midi; Metro, Marengo SNCF; www.toulouse-croisieres.com. Funciona durante todo el año con salidas a las 12 h y las 20 h. Precio: 59 €, incluye un cóctel, comida, bebida y una pequeña animación*). Se trata de una embarcación restaurante totalmente acristalada, que permite descubrir excelentes perspectivas del Toulouse monumental mientras se come o cena (con animaciones musicales).

Les Bateaux Toulousains (*Route de Seysses; www.bateaux-toulousains.com. Varias salidas diarias*). Son tres embarcaciones más sencillas que realizan dos recorridos, uno por el Canal du Midi (*de marzo a junio*) y otro por el Garona (*de julio a octubre*). Los puntos de embarque son Port Saint Sauveur, Puerto de la Boca o Muelle La Daurade. También se puede alquilar un barco eléctrico sin licencia en **Les Caboteurs;** *https://lescaboteurs.com/toulouse,* o reservar excursiones en canoa, kayak o paddle surf en la **agencia Granhota,** *www.canoe-kayak-granhota.fr.*

cuya visita merece la pena. Es en este punto donde el Garona está más próximo al Canal du Midi gracias al ramal del Canal de la Brienne, con el que se conecta a través de la **Esclusa de Saint-Pierre**, que salva los 4 m de desnivel existentes entre río y canal. El recorrido fluvial que se puede realizar por los canales, pasando por la antigua **Fábrica de Tabaco**, hoy convertida en dependencia de la Universidad de Toulouse, y ante la **Maison Pujol**, que lleva el nombre del arquitecto que la diseñó en 1908 siguiendo la estética *art nouveau*.

También se atraviesa la **Avenue de Barcelona**, punto que tiene un especial valor sentimental, sobre todo para los argentinos, ya que si se avanza por el Bulevar de Lascrosses se llega a la Rue Canon-d'Arcole, en cuyo número 2 nació un 11 de diciembre de 1890 Charles Gardés, más conocido como Carlos Gardel [ver pág. 70].

En la orilla izquierda del Garona, más allá del Pont de Saint Pierre, se encuentran **Les Abattoirs** [ver pág. 12], nombre con el que se conoce el **Museo de Arte Moderno y Contemporáneo de Toulouse y Midi-

Gardel, el tanguista de Toulouse

Puede sorprender la cantidad de imágenes con el rostro de Gardel en un lugar tan poco porteño como Toulouse, incluso llama la atención la existencia de un festival de tangos en la ciudad. La explicación es tan sencilla como que el más grande cantante de tangos de todos los tiempos, Charles Romuald Gardes, nació en esta ciudad francesa en 1890 y desde aquí emigró a los 3 años con destino Argentina, donde cambiaría ligeramente su apellido y se haría famoso. Esta hipótesis ha acabado por imponerse dentro de la controversia que se mantiene con la otra teoría, según la cual Gardel era uruguayo, hijo natural de un respetado coronel que optó por la discreción antes que por la paternidad. En Uruguay hay gente que reta a duelo a quien diga que Gardel era de origen francés, pero esta teoría está avalada por la partida de nacimiento expedida en Toulouse y la constancia de las cinco visitas que hizo a lo largo de su vida a la capital de Midi-Pyrénée, donde mantuvo una cálida relación con sus familiares franceses.

Pyrénées (*Espace D'Art Moderne et Contemporain. Allée Charles de Fitte, 76. Metro: Saint-Cyprien République; www.lesabattoirs.org. Entrada: 12 €*), un centro de exposiciones instalado en los antiguos mataderos de la ciudad. Su colección permanente está compuesta por más de 2.000 obras que cubren todos los movimientos artísticos aparecidos a partir de la segunda mitad del siglo xx. Hay obras de españoles como Barceló, Saura o Tapiès, pero el museo se enorgullece especialmente del lienzo de Picasso *La dépouille du Minotaure en costume d'Arlequin*, pintado en 1936 como un telón de escenario para una obra de teatro (se expone solo seis meses al año).

La ciudad del espacio y de la aviación

Desde que el escritor y aviador Antoine de Saint Exupéry llevó a cabo los primeros vuelos transoceánicos desde Toulouse, junto al piloto Jean Mermoz, la capital del Languedoc ha sido la indiscutible capital europea de la aeronáutica.

El escritor y aviador se hospedaba en el céntrico **Hotel Le Grand Balcon,** junto a la Place du Capitole, donde se le recuerda en la habitación que solía ocupar: la número 32. Hoy es la suite Saint-Exupéry y aúna comodidades modernas y un ambiente retro que recuerda la década de los años 30 del siglo xx. En la habitación 20 se alojaba el también aviador Jean Mermoz. Ambos trabajaron para la *Aeropostale,* una compañía aérea con base en Toulouse que se dedicó a realizar vuelos transatlánticos transportando mensajería y pasajeros hasta 1933.

Siguiendo con el tema aeroespacial, en Toulouse se encuentran las sedes de la **Escuela Nacional de Aviación Civil,** del **Consorcio Europeo Airbus** y del centro de investigación **L´Aeroespatiale.** La vocación de la ciudad por todo lo que tenga que ver con la aeronáutica se puede comprobar en diferentes visitas guiadas. Todo lo referente a esta visita se explica con detalle en la sección *Los imprescindibles* de esta guía (págs. 16-17).

Otro programa para los interesados en el mundo de la aeronáutica es **Découvrez l´aéroport de Toulouse-Blagnac** (*Allée André Turcat, 31700 Blagnac. Visita guiada de 2 horas; reserva obligatoria al menos 72 horas antes; pasaporte o carné de identidad obligatorios. Consultar la web www.entrepriseetdecouverte.fr*) un recorrido a bordo de un autobús por el aeropuerto de Toulouse-Blagnac: las escalas de las líneas aéreas, el trabajo de los mecánicos y los manipuladores de equipaje, el *catering,* el avituallamiento de los aviones, etc.

En Toulouse también comenzó el primer programa espacial europeo y es sede de la **Agencia Europea Espacial.** Alrededor de dicho centro se ha establecido un parque temático para explicar todo lo referente a la organización del Universo y a los viajes espaciales. Es la **Cité de l'Espace** (*Ciudad del Espacio. Av. Jean Gonord. Autobús 15; www.cite-espace.com*). Para ver todo lo referente a esta visita ir a la sección *Los imprescindibles* de esta guía (págs. 16-17).

Los canales

La tradición fluvial de Toulouse no solo reside en el Garona, ya que la ciudad es el punto de confluencia de los diferentes ramales que constituyen el Canal de los dos mares (más conocido en su acepción abreviada como Ca-

Avión Toulouse

Airbus es el segundo proyecto de avión europeo, tras el *Concorde*, en el que participan empresas francesas, alemanas, españolas y británicas agrupadas en EADS (European Aeronautic, Defense and Space). Desde sus orígenes, en 1970, el objetivo era competir con la norteamericana *Boeing* cuya posición era dominante en todo el mundo. Los primeros éxitos del *Airbus* vinieron en los años 80 con el A320 y con los modelos de largo alcance, A330 y el A340, aparecidos en la década de los 90. En todos los casos se trata de naves de diseño aerodinámico donde la gestión de datos se lleva a cabo con pioneros programas informáticos.

La estrella de Airbus fue el gigante A380 de 80 m, 540 toneladas y una altura de 24 m equivalente a un edificio de 9 plantas. Es capaz de transportar a más de 800 pasajeros con algunos servicios como camarotes individuales con ducha, bares, restaurantes, gimnasio y casino. Un coloso del aire que bien podría llamarse *Avión Toulouse* puesto que ha sido ideado y creado en las instalaciones de la ciudad francesa. Su producción se detuvo en 2019.

Airbus A380

Canal de La Brienne

nal du Midi, aunque este sea solo el ramal que se dirige al Mediterráneo), la impresionante obra de ingeniería que hace navegable la conexión entre el Atlántico y el Mediterráneo. La presencia de los canales se aprecia en el propio Garona y los diferentes sistemas de esclusas y conexiones integradas en el propio casco urbano. En Toulouse el Canal du Midi se une al Canal lateral del Garona, e incluso al propio Garona a través del caño secundario llamado **Canal de La Brienne.** El punto central del sistema de canales es el **Port de L'Embochure,** ubicado en el ba-

rrio de Sept-Deniers, una balsa de agua con muelles donde se encuentra la última esclusa del Canal du Midi. En ese punto conectaba inicialmente con el Canal de la Brienne, que desemboca en el Garona a la altura de la Place de la Dourada. Posteriormente, cuando el río demostró ser difícilmente navegable, se trazó el Canal lateral del Garona que también desemboca en el Port de L'Embochure. La triple conexión se produce bajo los **Ponts Jumeaux** (puentes gemelos), obra de ingeniería pionera en la época, que fue embellecido en 1775 con un bajorrelieve en mármol de Carrara.

Los canales también dan opción a realizar agradables paseos por los caminos de sirga que los bordean; la Oficina de Turismo edita rutas para senderismo o en bicicleta o para navegarlos en embarcaciones turísticas. Existe la posibilidad de alquilar algunas motoras o incluso hacer uso de los servicios de barcos turísticos que igualmente recorren el río Garona.

Otros lugares de interés

El **Musée Georges Labit** (*Rue du Japon, 17. Visita, todos los días, excepto martes; temporalmente cerrado por restauración; www. museegeorgeslabit.fr*) está situado en un pequeño pabellón de estilo árabe cercano al Canal du Midi, en el que se expone una colección con piezas de hasta 3.000 años de antigüedad con obras de arte procedentes de Egipto, India, China, Tíbet, Nepal, Indochina y Japón. El plato fuerte son las momias, sarcófagos, terracotas chinas y armaduras samurai.

El **Museo Paul Dupuy de Artes Gráficas y Decorativas** (*Rue de la Pleau, 13. Metro: A Esquirol-B Carmes. Visita previo pago, todos los días, excepto lunes, de 10 h a 18 h; gratuito el primer domingo de cada mes; https://museepauldupuy.toulouse.fr*) está situado en el Palacete de Besson, compuesto por diferentes estancias donde se exponen esmaltes, orfebrería, cerámicas, armas, instrumentos musicales, cristalería, forja artística de hierro, telas, muebles y la excepcional colección de relojes de Edouard Gélis, además de atractivas exposiciones temporales.

Navegar por los canales

Navicanal. Port Lauragais, Avignonet. Telf. (0) 6 75 28 60 83. www.
navicanal.com. Permite alquilar barcos, sin necesidad de carné de
patrón, para navegar por el canal du Midi entre árboles centenarios.
Gabarra Baladine. Route de Seysses, 320. Telf. (0) 5 61 80 52 28;
www.bateaux-toulousains.com/es. Llevan a cabo recorridos por el
canal de la Brienne hasta el Port de L'Embochure.

Canal de los dos Mares

Es el más antiguo de Europa todavía en funcionamiento. Fue construido en el siglo XVII bajo el reinado de Luis XIV con el objetivo de
evitar a la flota francesa dar un rodeo por Gibraltar. Está formado
por dos secciones, el **Canal du Midi**, que recorre 240 km entre el
puerto mediterráneo de Sète y Toulouse, y el **canal** lateral **del Garona**, que lo prolonga en 193 km hasta el Atlántico. Este segundo
tramo se hizo necesario cuando el proyecto inicial de enlazar con
el Garona se descubrió que era poco práctico dadas las dificultades para la navegación que presentaba el río. La construcción del
Canal du Midi comenzó en 1666 y finalizó en 1681, mientras que
el enlace entre el Atlántico y el Mediterráneo no se terminó hasta
1856 con la construcción del canal lateral del Garona. Como ocu-
rrió con el Canal de Castilla en España, el ferrocarril vino a poner
fin a su uso para el transporte de mercancías. Hoy está centrado
en el transporte turístico.

Instalado en la entrada del Jardín des Plantes se encuentra el **Museum Toulouse** (*Museo de Historia Natural. Allées Jules-Guesde, 35. Metro línea B: Palais de Justice o Carmes; https://museum.toulouse-metropole.fr. Visita de 10 h a 18 h; lunes cerrado. Entrada, 12 €*), que muestra dos millones y medio de piezas relacionadas con la vida y la naturaleza en 3.000 m² de salas de exposiciones. Destaca la muestra de animales disecados o el esqueleto del *quetzalcoatlus*, el mayor reptil volador conocido, de más de 12 m de envergadura. Además de la paleontología y la prehistoria, las colecciones de ornitología, etnografía y el jardín botánico gozan de gran fama.

Los **Jardines del Museum** (*Avenue Maurice Bourgès Maunoury, 26; sábados y domingos de 10 h a 12.30 h y de 14 h a 18 h*). Se trata de una ampliación del Museum en uno de los parques más amplios de la ciudad. Se centra en la fauna y flora de la región Midi-Pyrénées. Asimismo, cuenta con un apartado dedicado a los huertos concebidos como espacios donde interviene la mano del hombre. Tienen ocho parcelas de culturas según las regiones del mundo: Europa, África-Mediterráneo, Trópicos, Asia y las Américas.

El **Anfiteatro Romano de Purpan** (*Av. des Arénes Romaines. Entre la Rue Regagnon y la Rue de*

Purpan. Temporalmente cerrado, consultar la web https://saintraymond.toulouse.fr/lamphitheatreromain-de-toulouse-purpan). Son las ruinas de un anfiteatro romano construido a mediados del siglo I d.C. Fue escenario de luchas de gladiadores hasta el siglo IV. Es el único vestigio de la antigüedad que aún se puede contemplar en su escenario original. Las piezas y esculturas descubiertas en la zona se exhiben en el **Museo Saint-Raymond** (*visita incluida con el anfiteatro; www.saintraymond.toulouse.fr*).

Museo de la Historia de la Medicina de Toulouse (*Hôtel Dieu Saint-Jacques, Rue Viguerie, 2; visita gratuita, jueves, viernes, domingos y algunos festivos de 11 h a 17 h; http://museemedecine.free.fr*). Situado en el antiguo hospital de peregrinos y mendigos del Hôtel-Dieu Saint Jacques, presenta colecciones, objetos e instrumentos de medicina antiguos que describen siete siglos de medicina en la ciudad francesa. Son dos museos en uno, ya que el edificio alberga el **Museo de los Instrumentos de Medicina de los hospitales de Toulouse**, que expone un fondo de más de 1.000 objetos hospitalarios e instrumentos que representan varias discipli-

Casco antiguo de Toulouse

nas de la cirugía, asociados a objetos usuales y diarios de la vida hospitalaria.

Museo de la Resistencia y de la Deportación (*Allées des Demoiselles, 52; visita gratuita, de martes a sábado de 10 h a 18 h; http:// musee-resistance.haute-garonne. fr*). Se trata de un homenaje histórico, no solo a las víctimas de la ocupación nazi, sino a todos los que participaron en la resistencia mostrando la vida cotidiana del Alto Garona durante la Segunda Guerra Mundial.

Musée des Compagnons du Tour de France-Escuela Superior de los Oficios (*Rue Tripière, 14; visita, miércoles de 14 h a 17 h; http://toulouse.compagnonsdutourdefrance.org*). Es un curioso museo que describe los diferentes oficios y experiencias de los llamados *Compagnons*, grupo que en el transcurso de sus numerosos viajes por Francia, fueron adquiriendo la máxima técnica posible en una especialidad concreta. Además es un buen ejemplo de arquitectura medieval, ya que está situado en

Plaza Saint Etienne

una casa de ladrillo y adobe con entramado de madera.

Cimetiere de Terre-Cabade (*Av. du Cimetière 1; visita gratuita de 8 h a 18 h*) es el mayor cementerio y el más antiguo de Toulouse después de que en 1804 se obligara a construirlos fuera de la ciudad por razones de salud pública. Es obra del urbanista Vitry, que realizó un camposanto romántico con algunas veleidades personales. Entre los panteones destacan las tumbas al soldado desconocido de diferentes guerras.

El **Espace d'exposition du MATOU** (*Allées Charles de Fitte, 58. Metro: Saint-Cyprien République. Visita gratuita, a diario de 11 h a 18 h, excepto el lunes; https://museepauldupuy.toulouse.fr*) expone una colección de carteles, documentos de artes gráficas, diapositivas y tarjetas postales y una sección de arte publicitario de finales del siglo XIX y del siglo XX, carteles de cine y carteles de Toulouse para ferias, la Primera Guerra Mundial, el Théâtre du Capitole, etc.

📱 Compras

Por el centro de la ciudad, en pleno núcleo histórico, se reparten pequeñas tiendas con el reconocido y elegante sello francés; vintage, de cosmética, librerías, papelerías, además, los mercadillos que tienen lugar a lo largo del mes, son el mejor momento para descubrir auténticas joyas de decoración, mobiliario u obras de arte.

Moda y accesorios

Diva (Rue Peyrolieres, 54). Creaciones exclusivas de ropa de noche, vestidos de novia, sombreros y complementos.

Sonia Fernández (*Rue Victor Hugo, 2*). Boutique y galería especializada en firmas de moda como Dior, Gucci, Prada, Miu Miu.

Ethic et Chic (Rue Peyrolieres, 22). Ejemplo del interés en Toulouse por la ropa étnica, en este caso manufacturada con tejidos naturales y biológicos.

Chez ZEL (*25 rue de la Pomme; https://chez-zel.com*). Concept store de moda y decoración.

BiArt (*7 rue de la Bourse; https://hellobiart.com*). Bianca Viga pone sus estampados realizados a mano en prendas de algodón ecológico utilizando la técnica del linograbado.

Joyas y bisutería

Sillage Ethnique (*Rue du Taur, 36*). Invitación al viaje a través de piezas artesanales de carácter étnico procedentes de todo el mundo.

Créative Pink (*10 rue Cujas; www.compositestoulouse.org*). El mejor lugar para conocer la artesanía local. Moda, joyería, marroquinería, decoración, cerámica, papelería, cosméticos y mucho más hechos a mano por artesanos en Toulouse.

Curiosidades

Coutellerie des Capitouls (*Rue Kennedy, 2*). Cuchillería tradicional francesa con las principales marcas de navajas y utensilios cortantes: Opinel, Laguiole, Thiers.

Espace Tintin (*35 Rue des Frères Lion*). Un universo del personaje de Hergé con objetos y gadgets nuevos y de ocasión.

Nature et Decouvertes (*Rue de la Pomme, 64*). Boutique de regalos consagrada a productos relacionados con la naturaleza y la relajación. Desde esencias y fuentes

musicales a grabaciones con cantos de ballenas.

Penichete (*Berges du Canal, Boulevard de Bonrepos*). Una gabarra amarrada junto a la estación de tren centrada en la violeta, donde se pueden comprar ramos, perfumes, caramelos, licores o mermeladas con sabor a violeta.

Boutique du Stade Toulousain Rugby (*73 Rue d'Alsace Lorraine; https://boutique.stadetoulousain. fr*). Camisetas de coleccionista y regalos en la tienda del Toulouse Olympique Rugby XIII.

La Mucca (*23 Rue des Lois*). Una papelería donde además de dece-

nas de cuadernos diferentes también encontrarás pequeños objetos de decoración.

Ombres Blanches (*50 rue Gambetta; www.ombres-blanches.fr*). Una librería para perderse por sus pasillos.

Mercadillos y anticuarios

En la **Place du Capitole** (*miércoles*), de **Saint Etienne** (*sábados*) y de **Saint Sernin** (*sábados y domingos*) se instalan distintos mercadillos de ropa usada, libros antiguos o anticuarios. La **rue du Taur** dispone de un buen número de anticuarios y libreros.

Excursiones desde Toulouse

Desde Toulouse se pueden hacer algunas excursiones para descubrir la historia y naturaleza de la región. Ninguna es tan apasionante como la ruta de las bastillas por el país cátaro. La comarca de Ariège es la que conserva más huellas del movimiento religioso que en el siglo XIII cambió la historia de Francia.

Albi

Situada a 70 km de Toulouse, Albi es una visita inexcusable en la región de Midi-Pyrennées. Se trata de una localidad con un casco magnífico antiguo, proyectado para ser recorrido a pie entre un verdadero laberinto repleto de casas medievales de ladrillos con entramados, palacios renacentistas, colegiatas y claustros. La **catedral de Santa Cecilia** (*visita, de 10 h a 18.30 h; entrada, 6 €; www.albi-tourisme.fr*) es la divisa de la ciudad desde que fuera construida entre los siglos XIII y XIV. Se trata de una joya del gótico meridional con aspecto de fortaleza, que testimonia el triunfo de

la fe cristiana sobre la herejía cátara. Sus dimensiones de 113 m de largo por 35 m de ancho, 40 m de altura en la nave y 78 m en la torre-campanario, la hacen el mayor conjunto medieval en el sur de Francia y la mayor catedral pintada de Europa. Esta enorme estructura ofrece un increíble contraste entre el rigor de la mole exterior de ladrillos y la suntuosa decoración interior en la que destacan los llamativos frescos renacentistas de la bóveda y la gigantesca pintura mural del Juicio Final.

Otra cita inexcusable en Albi es el antiguo palacio arzobispal, **Palacio Berbie,** que alberga el **Museo Toulouse-Lautrec** [pág. 24, ver Imprescindibles], donde se exhiben numerosas obras del pintor que mejor supo describir la bohemia parisina y quien elevó a la categoría de arte el género del cartel.

El palacio es una obra de arte en sí mismo, ya que se trata de uno de los castillos más antiguos de Francia y uno de los mejor conservados. Fue terminado a finales del siglo XIII, después de una transformación en la que los sucesivos obispos fueron transformando la fortaleza en una residencia de recreo llena de salones, terrazas y jardines, disimulando así el aspecto macizo del primitivo castillo. El nombre de Berbie viene del occitano Bisbia que significa obispado.

El palacio se localiza junto al Puente Viejo que cruza el río Tarn y que era paso obligado hacia las localidades vecinas, pero también para todo aquel que fuera a Toulouse, Italia o España.

Vista de Albi con la catedral de Santa Cecilia

Ruta de las bastidas medievales

En los alrededores de Albi merecen destacarse algunas localidades agrupadas en la denominada ruta de las bastidas medievales, que fueron construidas en el siglo XIII como consecuencia de la cruzada contra los cátaros.

El paisaje combina viñedos, maizales y campos de girasoles, en un territorio que ofrece buenas oportunidades para paseos a pie y en bicicleta por caminos entre bosques, colinas y ríos. La ruta incluye la construcción fortificada de Cor-

des, las abadías de Castelnau de Montmirail, Puycelsi y Penne, los pueblos de Bruniquel, Monesties y Saint-Antonin-Noble-Val.

Cordes-sur-Ciel, en lo alto de una colina, es la bastida más interesante. Sus casas medievales están habitadas por artesanos y artistas en un entramado de pintorescas y antiguas callejuelas contenidas entre cinco líneas de fortificaciones. La localidad tiene otros lugares de interés como los **museos de Yves Brayer, del Arte del Azúcar** y el de **Charles Portal,** así como el antiguo **mercado** cubierto.

Cordes-sur-Ciel

La herejía de los hombres buenos

La llamada herejía cátara se había implantado fuertemente en el sur de Francia a finales del siglo XI. Los cátaros se llamaban a sí mismos los buenos hombres, no creían en la Trinidad, ni en la Encarnación, ni en los sacramentos; no admitían la Eucaristía; rechazaban el matrimonio, dado que creían en la castidad; preconizaban la separación del bien y del mal, objetaban el culto a imágenes y reliquias y se oponían a la autoridad de la iglesia católica.

En Toulouse, el conde Raymond VI fue tolerante con los cátaros pero el rey y el Papa les declararon la guerra. Fue la cruzada contra los albigenses o cátaros que llevó a cabo Simon de Montfort. La guerra devastó la región e hizo perder la autonomía de Toulouse frente a la corona aunque la ciudad se salvó de la destrucción.

Castelnau de Montmiral es otra bastida medieval fortificada situado en el **departamento de Tarn**, que está catalogado como uno de los pueblos más bellos de Francia. Bonitas plazas con portalones, iglesias y abadías de gran interés e interesantes museos permiten descubrir la rica historia de esta región.

Rodez
y el valle de Conques

A 150 km de Toulouse y en el departamento de Aveyron, se encuentra en un estremecedor paisaje de montañas la ciudad de **Rodez.** Su monumento más destacado es la rocosa **catedral de Notre-Dame,** detrás de la cual se extiende el barrio del Cité con palacios como la **Casa de Armagnac,** del siglo XVI, y la **iglesia de St-Amans,** que conserva capiteles románicos así como unos tapices de épocas posteriores.

Hacia el norte de Rodez, se abre una ruta de peregrinaje medieval donde destaca la localidad de **Conques,** con sus casas de color ocre rojizo en una perfecta armonía con el paisaje rocoso que lo rodea. Se puede admirar la románica **iglesia abacial de Sainte-Foy** (*Place De L'Abbaye; visita previo pago*) y el **Museo Doctor Joséph-Fau,** con una colección lapidaria y objetos de la abadía.

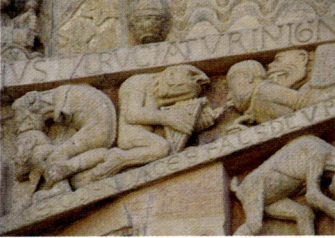

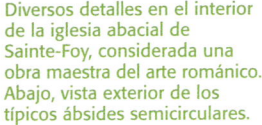

Diversos detalles en el interior de la iglesia abacial de Sainte-Foy, considerada una obra maestra del arte románico. Abajo, vista exterior de los típicos ábsides semicirculares.

Cahors y el valle de Lot

A 110 km de Toulouse y a orillas del río Lot, se ubica la ciudad galo-rromana de **Cahors,** conocida por su **puente de Valentré,** y considerado como una perfecta muestra de ingeniería medieval. A Cahors se acude para saborear su potente vino tinto y descubrir la **catedral de St-Etienne** en el recinto de su barrio antiguo.

En las proximidades de Cahors y dentro del valle de Lot, se encuentra la ciudad antigua de **Fiqueac,** famosa por el **mercado popular** de los sábados y por el **Museo Champoillon,** que rinde homenaje a Jean-François Champoillon, el primer hombre que descifró los jeroglíficos egipcios.

Montauban

A 57 km de Toulouse, Montauban es otra localidad dominada por construcciones de ladrillo rojo. Al igual que a Albi, a su centro histórico se accede cruzando el Pont Vieux que salva el río Tarn y permite acercarse al **Museo Ingres** (*https://museeingresbourdelle. com*), ubicado en un antiguo palacio episcopal y anteriormente fortaleza militar. Es un interesante museo que alberga parte de la obra del famoso pintor, nacido en Montauban en 1780, famoso por la pureza y el refinamiento de su dibu-jo. Del casco urbano hay que destacar la **iglesia de Saint Jacques** y la **Place National,** de la que parten calles llenas de tiendas de anticuarios y salas de arte.

A 29 km de Montauban se encuentra **Moissac,** localidad famosa por la **iglesia de St-Pierre,** que conserva los restos de una abadía del siglo VII, reconstruida con un pórtico del siglo XII.

Ruta de los castillos medievales. Valle del Gers

A 80 km al oeste de Toulouse se localiza **Auch,** perteneciente al antiguo Ducado de Gascuña, donde abundan localidades con impresionantes residencias neoclásicas e inexpugnables fortalezas medievales. En el casco antiguo lo más destacable es la **catedral de St-Marie** y el **Museo des Jacobins,** donde el coleccionista Guillaume Pujos reunió una interesante colección de arte latinoamericano y cerámica precolombina.

Desde los aledaños de la catedral, una escalera de 232 peldaños a la orilla del río en un recorrido donde está la **estatua de D'Artagnan,** el mosquetero de la novela de Alejandro Dumas.

Al noroeste de Auch se extiende la ruta de castillos medievales con paradas en localidades como

Lectoure, una ciudad galorromana; **Fleurance,** ciudad fortificada con callejuelas medievales e iglesia gótica; y **Condom,** famosa por su **Museo de l'Armagnac** y una escultura de los mosqueteros.

Foix y la ruta de los cátaros

La **comarca de Ariège,** en el sur de Toulouse es la que mejor conserva las huellas del movimiento religioso de los cátaros que en el siglo XIII cambio la historia de Francia. Fue en esta región donde fueron construidos castillos, auténticos nidos de águilas, para resistir a las huestes del Papa con los mejores ejemplos en Foix, Montsegur, Lavaur y Mirepoix.

A 87 km de Toulouse, **Foix** conserva su impronta medieval entre montañas donde sobresale el **castillo Comtal,** que controla el horizonte desde su cima de roca calcárea. En el recinto urbano destaca la **Place Mercadal,** con típicas construcciones medievales de entramados de madera, y la **iglesia**

de Saint Volusien, fundada en el siglo IX, pegada a una imponente abadía.

El **castillo de Montsegur** es un símbolo de la lucha de los cátaros en el siglo XIII, aunque las ruinas que se pueden visitar después de hora y media de ascensión a pie son de una etapa posterior.

El pequeño pueblo de **Mirepoix** es otro símbolo cátaro y un buen ejemplo de bastida, con plaza cercada por galerías de madera y casas medievales. Referencias a los cátaros también se obtienen en **Lavaur,** donde hay una cruz que recuerda a los 400 seguidores de la herejía que fueron quemados en la hoguera en el año 1181. Del **castillo de Lavaur** no queda nada, pues fue completamente arrasado. En su explanada, hoy se puede observar una **estela** moderna con el símbolo de los cátaros, una paloma atrapada en la piedra, a modo de recordatorio de lo que antiguamente les pasaba a quienes osaban enfrentarse al poder del rey y de la iglesia.

Montauban

COMER
Y DORMIR

Dormir en Toulouse

Desde un hotel situado en un edificio del siglo XVIII con spa y restaurante estrella Michelin, a uno con piscina para disfrutar en familia, o uno que recuerda la historia de la aviación, *bike-friendly,* diseñado por Thierry Gaugain, en la oferta hotelera de Toulouse tienen cabida todas las opciones. En las inmediaciones de *Airbus* y *L'Aerospatiale* hay una buena oferta de hoteles baratos de cadena tipo *Formule 1* y *Etap*. También hay que tener en cuenta que los precios son más caros entre semana, por lo que es frecuente encontrar el cartel de completo en verano. En el centro, los hoteles de categoría media no suelen tener aparcamiento. La mayoría de ellos ofrecen los precios sin desayuno.

Ibis Styles Toulouse Centre Capitole*** (B3) **1**

2 Rue Du Taur. Telf. (0) 5 61 21 17 54; https://all.accor.com/hotel/9912/index.es.shtml. El hotel histórico más antiguo de la Place du Capitole, en un edificio del siglo XVII, renació a finales de 2017 con una decoración basada en la música y el ballet. En el patio principal organiza conciertos y representaciones teatrales. La céntrica ubicación del hotel es ideal para explorar la ciudad y sus monumentos. Las habitaciones, espaciosas y cómodas, cuentan con televisor de pantalla plana y aire acondicionado, además de wifi gratuito. El amable personal sirve un buen desayuno-buffet que merece la pena incluir en la reserva. Doble: 190 €.

Hôtel des Beaux Arts*** (C2) **2**

Place du Pont Neuf, 1. Telf. (0) 5 34 45 42 42; www.hoteldesbeauxarts.com/es. Este alojamiento dispone de 19 habitaciones personalizadas con estupendas vistas sobre el Garona. Está considerado como uno de los últimos vestigios de los hoteles clásicos que hay en Toulouse. Sus habitaciones ofrecen máxima comodidad con todos los equipamientos, wifi gratuito, así como un bar que remite directamente a los años 20. Si no se puede pagar la habitación, el bar merece al menos una visita. Dispone de extras como alquiler de bicicletas. Quien quiera impresionar debe elegir la habitación número 42. Precio habitación doble: 130-220 €.

Les Clos des Potiers*** (D4) **3**

Rue des Potiers, 12. Telf. (0) 5 61 47 15 15. Hotel bien situado en el centro, a medio camino entre la Halle aux Grains y la catedral. Se localiza en un palacio estilo segundo imperio del que conserva elementos de la decoración suntuosa mezclada con detalles actuales. Son 9 habitaciones modernas con los equipamientos necesarios. Wifi gratuito. Doble: 100-200 €.

Hotel de Brienne**** (B2) **4**

Boulevard du Marechal-Leclerc, 20. Telf. (0) 5 61 23 60 60; www.hoteldebrienne.com. Hotel de 71 habitaciones junto a una zona verde próxima al Garona. La fachada de cristal y el interior de ladrillos fusionan lo tradición con lo moderno, lo cual se traduce en una decoración y comodidad absoluta en las habitaciones. Dispone de aparcamiento cerrado. Doble: 220 €. Desayuno: 15 €.

Hotel Innes by HappyCulture**** (A3) **5**

Rue Matabiau, 13 bis. Telf. (0) 561 631 063; www.hotel-innes. com/es. Cuenta con 35 habitaciones y es una de las mejores ofertas dentro de los de su categoría. Razonablemente céntrico, bien comunicado y con aparca-

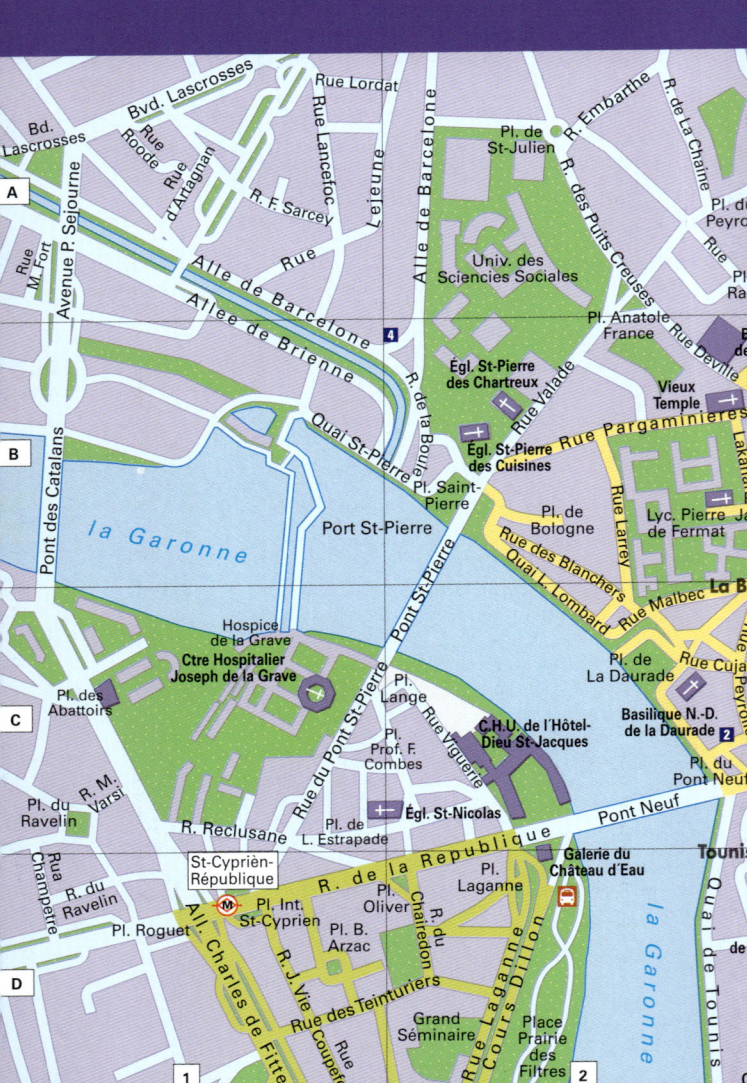

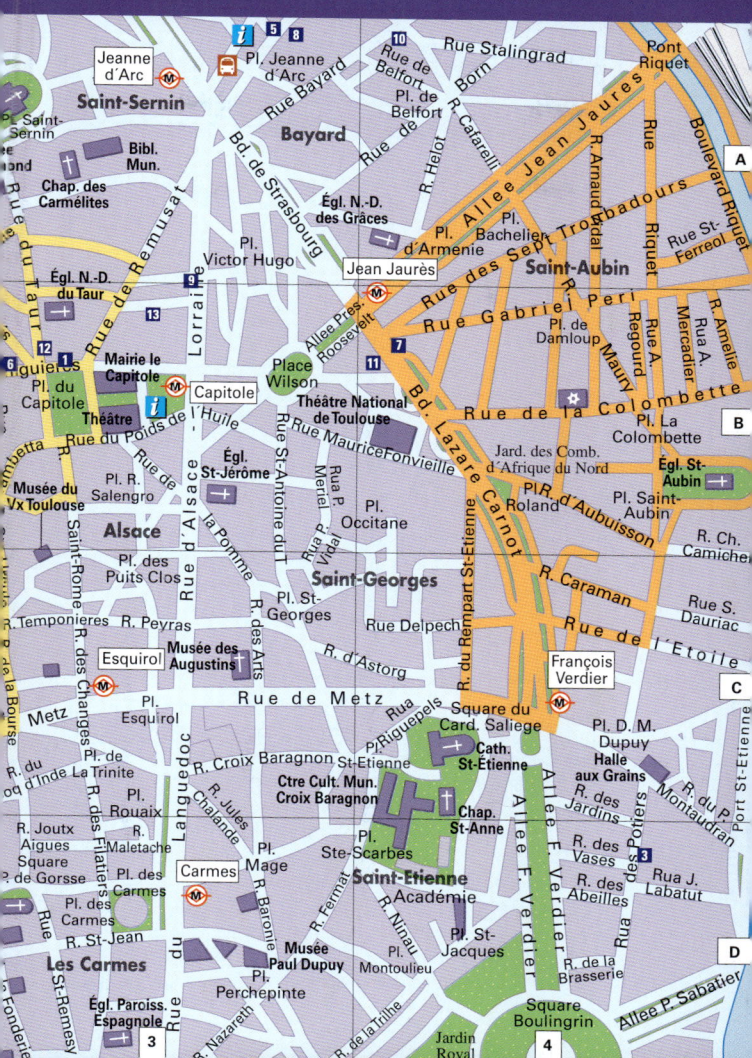

Ambiente de noche en Toulouse

(véase plano de las pág. 92-93)

🟡 Casco antiguo

La fiesta y la marcha nocturna se inicia a última hora de la tarde en los bares, cafés y locales más tranquilos con terrazas a la Place du Capitole y alrededores del Vieux Quartier. Según avanza la noche el ambiente se desplaza a la Place Saint Pierre y rue de Blanchers, las cuales están repletas de bares con ambiente más estudiantil.

🟢 Les Abattoirs

En la orilla izquierda del Garona, mas allá del Pont de Saint Pierre, los alrededores del moderno Museo de Arte Contemporáneo de Toulouse, también conocido como *Les Abattoirs*, se han convertido en una de las zonas más animadas y divertidas de Toulouse. Ambiente chic y un tanto selecto en los mejores pubs y discotecas de la ciudad.

🟠 Los canales

Para cerrar la noche nada mejor que ir a las discotecas, las cuales están diseminadas por toda la ciudad, aunque especialmente se concentran más por la zona de los canales. Se admiten todas las estéticas y hay locales para todas las tribus urbanas en una zona que, de no ser por el ambiente nocturno, estaría un tanto desangelada.

miento propio ofrece habitaciones bien equipadas, incluido wifi. Precio de la habitación doble: 90-150 €. Desayuno: 14 €.

Le Grand Balcon******** (A4) **6**
8-10 Rue Romiguières. Telf. 0 5 34 25 44 09; https://grandbalconhotel.com/es. La elegante y moderna decoración interior de este hotel de 1930 es obra del arquitecto Jean-Philippe Nuel. El vestíbulo tiene un techo que cambia de color a lo largo del día. En tiempos acogía a los pilotos de la Aéropostale. El autor de *El Principito* siempre pedía la habitación número 32 y, como homenaje, se ha recreado la atmósfera de la época en la suite Saint-Exupéry. Desayuno bufé. Habitación doble sin desayuno: desde 130 €.

Mama Shelter*** (B3) **7**
54-56 Boulevard Lazare Carnot.
Telf. (0) 5 31 50 50 05; https://
fr.mamashelter.com/toulouse.
Diseñado por Thierry Gaugain, se
encuentra tras la fachada de un
antiguo cine. Con 120 habitaciones de cuatro tamaños diferentes
y equipadas con todo lujo de detalles, incluida la ropa de cama y
los últimos avances tecnológicos,
cuenta además con un área de
petanca, un restaurante a pie de
calle, una animada terraza *roof-*
top y un cine de 45 butacas. Precio de la habitación doble: 150 €.
Desayuno: 16 €.

**Hôtel Le Clocher
de Rodez***** (A3) **8**
Place Jeanne d'Arc, 14 y 15. Telf.
(0) 5 61 62 42 92; www.hotel-
clocher-toulouse.com. Al otro lado del Boulevard Strasbourg, cerca de la estación y del casco an-

tiguo. Dispone de 44 habitaciones situadas en un edificio del
siglo XVIII bien rehabilitado y mo-
dernizado. Funcional en mobiliario y decoración todas sus habitaciones disponen de un equipamiento digno, televisión plana en
todas ellas e Internet en el recibi-
dor. Precio de la habitación doble:
100-150 €. Desayuno: unos 14 €.

Hôtel Ours Blanc*** (A3) **9**
Rue Victor Hugo, 2. Telf. (0) 5 61
21 62 40. Place Victor Hugo, 25.
Telf. (0) 5 61 23 14 55. Place Vic-
tor Hugo, 14. Telf. (0) 5 61 21 25
97; https://hotel-oursblanc.com.
Son tres hoteles con unos precios
y prestaciones muy semejantes y
que cuentan con la ventaja de en-
contrarse junto a la Place Wilson,
en la zona comercial. Ofrece una
categoría media muy justa, con
habitaciones limpias pero auste-
ras. No dispone de aparcamien-

to. Los precios oscilan según las habitaciones dispongan de ducha o solo baño. El precio de la habitación doble va de 80 € a 140 €. El desayuno cuesta 12 €.

Grand Hôtel D'Orleans*** (A4) 🔟

Rue Bayard, 72. Telf. (0) 5 61 62 98 47; www.grand-hotel-orleans. fr. Cerca de la estación de Matabiau, en una zona tranquila. Ofrece 56 habitaciones distribuidas alrededor de un patio que fue posta de diligencias. Bien equipado con televisión satélite, wifi y otras posibilidades como aparcamiento propio (9 €), desayuno en la habitación y un excelente restaurante regional de nombre *La Ripalle*. Muy tranquilo, especialmente en las habitaciones que dan al patio. Habitación doble: 90-130 €. Desayuno: 14 €.

Hôtel Royal Wilson*** (B4) 🔟

Rue Labéda, 6. Telf. (0) 5 61 12 41 41; www.hotelroyalwilson-toulouse.com. Hotel de tipo familiar, bien situado junto a la zona más comercial de Toulouse y cerca del Capitole. Dispone de 24 habitaciones y un relajante patio como zona común. Se rehabilitó en 2010 con especial cuidado en mejorar las condiciones para clientes con movilidad reducida. Las habitaciones son sencillas, todas ellas con baño, climatizador, televisión y wifi. Habitación doble: 80-120 €. Triple: 90-140 €. Desayuno: 12 €.

Logis Villa du Taur**** (B3) 🔟

Rue du Taur, 62. Telf. (0) 5 34 25 28 82. Excelente ubicación en una de las calles más entrañables del casco antiguo de Toulouse. Hotel de 38 habitaciones luminosas, orientadas a patios interiores, con baño o ducha. El equipamiento puede ser algo básico para un precio donde se paga sobre todo la ubicación. Doble: 110-170 €. Desayuno: 12 €.

The Social Hub*** (f.p.)

Rue de Sebastopol, 1. Telf. (0) 5 82 88 10 60; www.thesocialhub. co/es/toulouse. Un nuevo concepto que permite a clientes, estudiantes y compañeros de trabajo convivir. Este hotel de concepto comunitario es el primero de la ciudad y cuenta con 164 habitaciones, una residencia de estudiantes con 190 habitaciones, workcafé, gimnasio, bar, patio y azotea con piscina. Habitación doble: 140 €.

Hotel Albert 1er*** (B3) 🔟
8 Rue Rivals. Telf. (0) 5 61 21 17 91; https://hotel-albert1.com/es.
El primer hotel con la etiqueta ecológica europea en Toulouse. Ofrece a sus clientes la opción de alquilar bicicletas y les proporciona mapas diseñados por el propio hotel, con rutas para explorar Toulouse en clave *slow*. Doble: 120-170 €.

Ibis budget Toulouse Centre Gare** (f.p)
27 Bd des Minimes. Telf. (0) 892 68 31 10; https://all.accor.com.
Ubicado junto al Canal du Midi, en un lugar perfecto para pasear. 130 habitaciones con lo estrictamente necesario, según los estándares de la cadena, pero limpias y modernas. Doble: 60-110 €. Desayuno: 10 €.

Comer en Toulouse

La oferta de restaurantes, *brasseries* y terrazas es tan atractiva como sabrosa. Se pueden degustar platos de todas las cocinas regionales del país, especialmente de la autóctona, pero también cocina de fusión, étnica modernizada o fórmulas intermedias donde dominan los bares de tapas españolas. Por supuesto, siguiendo la tendencia actual, también hay muchos establecimientos que ofrecen cocina vegetariana y vegana.

Émile (C3) ❶
Place St. Georges, 13. Telf. (0) 5 61 21 05 56; www.restaurant-emile. com. Cierra domingos y lunes. Es la meca de la gastronomía regional de Toulouse. Especialmente indicado para quienes quieran probar platos autóctonos en su versión más auténtica y reputada: *cassoulet* con confit de pato, chuletas de buey o pierna de cordero mechada con trufas y hongos. También tienen buenos pescados y una mag-

nífica repostería francesa, como el *souffle* al *Gran Marnier*. Tiene una hermosa terraza y un servicio un poco serio. Precio menú: 25 €. Precio medio a la carta: más de 50 €.

Les Caves de la Maréchale (B3) ❷
Rue Jules Chalande, 3. Telf. (0) 5 61 23 89 88; www.lescavesdela-marechale.com. Cierra los sábados al mediodía, domingos y lunes mediodía. Tanto el lugar –un antiguo

convento–, como la decoración y la cocina, son lo más típico y tradicional de Toulouse. Acogedor y tranquilo, aunque algo caro, ofrece especialidades regionales perfectamente actualizadas como el *cassoulet* al confit de cerdo o platos innovadores como el pastel de ave al caramelo de Oporto. Menú entre 25 € y 45 €. A la carta: desde 50 €.

Brasserie de L'Opera (B3) ❸

Place du Capitole, 1. Telf. (0)5 61 21 37 03; www.brasserieopera. com. Esta brasserie reina en la Place du Capitole. Decoración "fin de siglo parisién" con espejos, zinc en la barra y mucha madera. La cocina está a la altura de la lujosa decoración con delicadezas como el *risotto* de gambas o rollo japonés de ostras, pero también platos clásicos como un suculento *cassoulet* gratinado. Posibilidad de comer según diversas fórmulas. Menú: 27 €. A la carta: desde 40 €.

Brasserie Flo les Beaux-Arts (C2) ❹

Quai de la Daurade, 1. Telf. (0)5 61 21 12 12; https://brasserie-lesbeauxarts.fr. Cierra tarde. Otro local con suntuosa decoración "fin de siglo" que se incluye dentro del patrimonio monumental de Toulouse y que tiene como valores añadidos unas excelentes vistas al Garona. Ambiente de café parisino donde además se come bien, aunque caro. Marisco, foie y otras exquisiteces, con atención a los postres como el gazpacho de frutos rojos. Menú: 25-30 €. A la carta: desde 45 €.

La Gourmandine (B3) ❺

Pl. Victor Hugo, 17. Telf. (0) 5 61 22 78 84; https://lagourmandine-cotemarche.fr. A los pies del mercado de Víctor Hugo, es la historia de una familia y su pasión por el buen comer y por los productores locales de agricultura ecológica o sostenible. Destaca su decoración, de vanguardia, su animado ambiente y su terraza. A la carta: desde 50 €.

Au Gascon (B2) ❻

Rue des Jacobins, 9. Telf. (0) 5 61 21 67 16; https://au-gascon-restaurant-toulouse.eatbu.com. Céntrico y con decoración autóctona donde no faltan los ladrillos de la arquitectura local. Especiali-

Bares de tapas y tabernas

Toulouse es una ciudad con una numerosa colonia de origen español y con una gran tradición vinícola y gastronómica. Súmense estos factores y tendremos un buen elenco de bares de tapas, vinotecas y tabernas.

La Tantina de Burgos. *Rue de la Garonete, 27; www.la-tantina-de-burgos-bodega.com*. La bodega española más antigua de Toulouse. Decoración taurina, guitarrista nocturno y más de 40 tipos de tapas frías y calientes.

El Borriquito Loco. *Rue des Paradoux, 54; www.restaurant-borriquito.com*. Ambiente de bar de tapas madrileño con posibilidad de picotear y/o comer a la carta.

Boca Dos. *Rue de L´etoile, 16; www.boca-toulouse.fr/.* Algo más que un restaurante de tapas españolas. Carta amplia de montaditos y un acogedor ambiente.

dad en carnes y por supuesto en un auténtico *cassoulet* de Toulouse con magret y salchichas de la tierra. Excelente carta de vinos para adentrarse en los caldos locales. Se pueden comer menús y platos del día desde 15 €. Precio medio a la carta: 35 €.

Comer en los mercados

Les Halles Victor Hugo (*Mercado de Victor Hugo, Place Victor Hugo*) tiene en el primer piso un enorme tesoro muy bien conocido por la parroquia local: cinco restaurantes en un comedor

común que ofrecen, solo al mediodía, unos menús que contienen lo mejor de la cocina regional. Hay unos especializados en carne y otros en pescado, pero se recomienda sentarse en el primero que tenga una mesa libre. Todos cierran los lunes, pero algunos abren los domingos.

Attila. Ofrece carnes y pescados a partes iguales, pero siempre sobre productos de mercado. Abre de martes a domingos.

Au Bon Graillou. Especializado en pescados, pero con todo tipo de platos regionales. No hay que perderse su sopa de pescado. Está abierto de martes a viernes.

L'Imperiale. *https://limperiale-restaurant.fr*. Ofece una cocina regional cien por cien. Terrina de legumbres, entrecot con foie gras o brochetas de pato. El fin de semana *cassoulet* de confianza. Abre de martes a domingo.

Le Louchebem. Es la referencia absoluta en materia de carnes. Dispone de un menú de lo más aconsejable. Abre de martes a domingo.

Le Magret. El nombre indica cuál es su especialidad, pero no se limita al pato, también pescados y un menú degustación por unos 30 € absolutamente recomendable para conocer la potencia de la gastronomía de Toulouse.

Chez Moi (D4) ❼

Port Saint Sauveur, 28. Telf. (0) 5 61 34 29 29; http://chezmoi.fr. Cierra domingos. Ejemplo de restaurante asiático refinado con decoración moderna y excelente ubicación al borde del canal. Ofrece una cocina de raíz vietnamita actualizada y de calidad con un preciosismo absoluto en el condimento y la dosificación de especias. Ofrece la posibilidad de llevar la comida al exterior. Diversos menús, entre 15 y los 25 €. A la carta a partir de 30 €.

Chez Navarre (D3) ❽

Grande Rue Nazaret, 49. Telf. (0) 5 62 26 43 06; www.chez-navarre.fr. Cierra domingos. Comidas de lunes a viernes. Cenas de martes a sábado. Apenas cuatro mesas de bancos corridos en un entrañable restaurante-hotel familiar. "Cocina de la abuela" con pequeños platos tradicionales. Buenas sopas, auténtico *carbure*, potajes y guisotes variados. De postre, arroz con leche. Es obligatorio reservar. Precio: 25 €.

Le Pére Leon (C3) ❾

Place Esquirol, 2. Telf. (0) 5 61 23 90 95; www.pere-leon.com. Animada brasserie situada en uno de los puntos neurálgicos de la ciudad. Funciona como café durante el día y ofrece todo tipo de variedades para comer o cenar. Sus especialidades son el *cassoulet* y el magret sobre patata panadera pero ofrece pizzas, ensaladas y postres variados. Precio medio: 30 €.

La Faim des Haricots (C3) ❿

Rue du Puits Vert, 3. Telf. (0) 5 61 22 49 25; www.lafaimdesharicots.fr. Cocina deliciosamente vegetariana, empeñada en descubrir el sabor de las cosas sencillas. Servicio de bufé con sopas en invierno, ensaladas de todo tipo y origen, y buenas tartas de postre. Menús: de 17 € a 20 €.

Les Petits Crus (D3) ⓫

17 Rue des Couteliers. Telf. (0) 9 87 73 58 59; https://lespetitscrus.com. Restaurante que nace en 2018 con un concepto 100 % original. En torno a cinco temáticas –*les passionnels, les fusionnels, les voluptueux, les capricieux, les chouchous* y *les volcaniques*– ofrecen tablas de quesos de leche cruda y vinos orgánicos.

Monsieur Georges (D3) ⓬

Place Saint-Georges, 20. Telf. (0) 5 61 29 81 96; www.monsieurgeorges.fr. Está en una las plazas más animadas de la ciudad, Place Saint-Georges, y es perfecto para tomar un vino o el aperitivo, comer en grupo… Tiene cinco espacios repartidos en varias plantas.

🍸 La noche

La fiesta y la marcha nocturna se prepara a finales de la tarde en los bares, cafés y tranquilas terrazas de la Place du Capitole y alrededores del Vieux Quartier, para saltar a primeras horas de la noche a los bares de la Place Saint Pierre y Rue de Blanchers, repletas de bares con ambiente estudiantil, y pasar después a los pubs y discotecas en la otra orilla del río.

Cafés

Ejemplos de cafés en los que el ambiente varía según la hora son: **Le Florida** (*Place du Capitole, 12; https://leflorida.fr*) con distintos públicos y momentos. Tiene una planta baja de estilo retro donde es posible mantener una conversación tranquila, y una planta alta decorada con motivos indios más apropiada para tomar una copa y exhibir vestuario; **Café des Artistes** (*Place de la Daurade, 13; https://cafe-des-artistes.eatbu.com*), un clásico imprescindible en Toulouse, frente al Garona. **N5 Wine Bar** (*5 Rue de la Bourse; www.le5winebar.fr*), nombrado mejor bar de vinos del mundo por la revista especializada The World of the Fine Wine, en 2017, 2018 y 2019, presenta una carta internacional con más de 20.000 botellas y 4.000 referencias. También ofrece tapas elaboradas con productos locales y preparados en el momento.

Bares

En cuestión de bares para tomar copas y charlar son aconsejables locales como: **Chez Tonton** (*Rue de Blanchers, 16; www.pastisomaitre.com*), un café con ambiente bohemio cuyo nombre indica que la especialidad son las copas de *pastis* (por lo que conviene no abusar o volver en taxi al hotel); **La Couleur de la Culoute** (*Place Saint Pierre, 14; www.lacouleurdelaculotte.com*) tiene dos niveles con una decoración vanguardista, así como una terraza donde se citan los universitarios y *Erasmus* que invaden la ciudad; **Le Filochard** (*Place du Pont Neuf, 6*) más tranquilo y relajado quizás por sus incomparables vistas. **Ma Biche sur le toit** (*4-8 Rue du Lieutenant Colonel Pelissier; www.mabichesurletoit.com*), además de ofrecer vistas panorámicas está abierto desde el desayuno hasta la noche, para degustar

Boulevard de Strasbourg

sus cócteles que cambian según la estación. Sos bares de ambiente deportivo el **Pub Saint Pierre** (*Place Saint Pierre, 11*) lugar de cita obligada para los amantes del rugby; **The Danu English Pub** (*Rue du Pont Guihémery, 9; www.dedanu.com/fr*).

Discotecas

Ambiente latino y caliente con posibilidades de bailar salsa y ritmos caribeños son **Puerto Habana** (*Port Saint Etienne, 12; www.puertohabana.fr*), un local que puede ser el paraíso para los bailarines de ritmos sabrosones; mientras que en los aledaños de la Place Saint Pierre, en **Le Bar Basque** (*Pl. Saint-Pierre, 7*), el ambiente hispano se combina con otros ritmos.

Las discotecas para cerrar la noche están diseminadas por toda la ciudad, con especial abundancia en la zona de los canales. **Le Cri de la Mouette** (*canal de Brienne a la altura del 78 Allée de Barcelone; www.lecridelamouette.com*) es una gabarras anclada en el Canal du Midi donde el ambiente es animado aunque sin estridencias gracias a una buena combinación de folk, rock, blues y jazz.

Sitios de ambiente

Por último, ambiente *LGTB* ofrecen **G-Boy** (*Port Saint-Sauveur, 56; http://g-boy.club*), que organiza regularmente noches temáticas, con muchas sorpresas, y **Limelight** (*Bd Pierre-Paul Riquet, 23 bis; www.limelight-club.com*), para bailar en un local bajo el concepto de club y lounge.

EL
CONTEXTO

Cronología histórica

Siglo II a.C.	Primer asentamiento en el actual Toulouse a cargo de un pueblo celta conocido como *Volcos Tectósagos* que se establecieron en el último vado del Garona antes del Océano.
Siglo I a.C.	Entre 120 y 100 a.C. los romanos ocupan la zona y bautizan el primitivo burgo como Tolosa.
Siglos I y II	La región es completamente romanizada con la ciudad convertida en una próspera colonia. La escasez de piedra y el uso de ladrillos hace que apenas queden vestigios romanos en la zona.
Año 250	El obispo San Saturnino (Sernin) es martirizado después de cristianizar la región.
Siglos IV y V	El Languedoc y la zona de Toulouse resisten bajo formas de administración romana sin apenas sufrir las consecuencias de las grandes invasiones bárbaras hasta que a finales del siglo V los visigodos convirtieron Tolosa en capital del reino de Toulouse.
713	Los árabes ocupan el territorio hasta que Pipino el breve y su séquito lograron expulsarlos.
778	La región es incorporada al imperio de Carlomagno con un papel secundario dentro de Aquitania.
Siglo IX	En la época feudal el Languedoc es la primera región en desgajarse del imperio carolingio formando principados feudales prácticamente independientes.
924	Raimundo III Poncio constituye el Condado de Toulouse pasando a ser el dueño de la mayor parte del Languedoc.
Siglo X	El condado ve amenazado su territorio por los duques de Aquitania y los condes de Barcelona, pero a pesar de ello se amplió en el año 1093 con el marquesado de Provenza y se mantuvo estable en sus límites hasta el siglo XIII.
SIGLOS XI y XII	La ciudad prospera con una distribución del poder entre los condes de Toulouse, los *capitouls* (comerciantes agrupados en el *domini* de capítulo) y la Iglesia Cató-

	lica. Al final del siglo XII, el conde Raimond V concede la autonomía municipal de Toulouse.
Siglo XIII	La herejía cátara prospera en la ciudad. Simon de Montfort fracasa tres veces en su intento de tomar Toulouse, muriendo en el último intento en 1218. Esta herejía es aprovechada por el reino de Francia, con apoyo del Papa, para intentar acabar con el poder de los condes de Toulouse.
1229	Primer recorte territorial cuando el condado pierde Nîmes, Béziers y Carcasona a favor del rey de Francia.
1271	A la muerte de Alfonso de Poitiers y de Juana de Toulouse, el Languedoc es anexionado al reino de Francia. Se inicia un proceso de afrancesamiento que no puede acabar con las peculiaridades lingüísticas, jurídicas y políticas del Languedoc. El francés no pasa de ser una lengua extranjera frente al occitano.
Siglo XIV	Toulouse sufre epidemias de peste y asedios durante la Guerra de los Cien Años.
1444	Toulouse se convierte en capital provincial y se dota de un parlamento con funciones judiciales y administrativas y un tribunal de cuentas.
1463	Un incendio masivo destruye totalmente la ciudad.
1463	Hasta mediados del siglo XVI Toulouse conoce su Edad de Oro gracias al comercio del pastel que permite amasar colosales fortunas a muchos comerciantes.
Siglo XVI	Toulouse sufre todo un declive económico al hundirse el comercio del pastel tras la llegada del tinte añil de Oriente.
Siglo XVII	Epidemias, hambrunas, peste y otras enfermedades, y las Guerras de Religión dejan la región y a Toulouse completamente maltrechas.

Siglo XVIII	Toulouse conoce un nuevo momento de riqueza gracias a la producción extensiva de trigo. El Canal du Midi contribuirá a un mayor desarrollo del comercio.
1750	Se construye el Capitolio.
1789	Toulouse acoge con energía las ideas de la Revolución y se declara jacobina, pero pierde su parlamento y se convierte en simple capital del departamento de la Haute-Garonne.
1914	La Primera Guerra Mundial relanza la actividad industrial en Toulouse al alejarse los centros de producción de la frontera alemana.
1939	Toulouse se convierte en centro de acogida de los republicanos españoles en el exilio.
1960	Numerosos franco-argelinos (*pied-noirs*) se instalan en Toulouse tras la independencia del país magrebí.
1970	Se crea la empresa *Aeroespatiale* que forja su identidad en torno al sector de la aeronáutica y el espacio.
1993	Inauguración del metro.
2001	Explosión de la factoría química AZF.
2008	Constitución de *Canceropole*, centro de investigación contra el cáncer.
2012	En vísperas de las elecciones francesas, un miembro de Los Soldados del Califato, grupo afín a Al Qaeda, asesina entre Toulouse y Montauban a tres policías, y unos días más tarde entra disparando a una escuela judía de Toulouse matando a tres niños y un adulto. Posteriormente fue abatido por la policía.
2015	Se cumplen 50 años de la llegada a la ciudad de *La dépouille de Minotaure en costume d'Arlequin,* el enorme telón que pintó Pablo Picasso para la obra "14 de Julio". Se vuelve a exponer después de 2 años guardado para protegerlo.
2017	El Cervantes de Toulouse recupera casi 1.400 documentos y libros sobre el exilio y el presidente republicano, Manuel Azaña.
2020	El "valle aeroespacial" sufre la crisis de Airbus que se ve obligada a despedir a unos 15.000 trabajadores en todo el mundo, 3.378 en Toulouse.

Columna en forma de "palmera", en la iglesia de los Jacobinos.

Arte y cultura

Arte antiguo

El vestigio más interesante en Toulouse del periodo galorromano es el **Anfiteatro Romano Purpan**, construido a mediados del siglo I de nuestra era, al tiempo que los demás edificios del santuario al que pertenecía. Fue el escenario de luchas de gladiadores hasta finales del siglo IV y está considerado el único monumento de la antigüedad que aún se puede ver globalmente en Toulouse. En el **museo Saint-Raymond** están expuestos los diferentes hallazgos encontrados en la antigua ciudad romana.

Románico

A partir del año 1000, la región tolosana es tierra de trovadores, donde el arte románico se desarrolla con especial riqueza. Se trata de un románico más marcado por las peregrinaciones y por el influjo de Cluny con características comunes: enormes proporciones, planta de cruz latina, tribuna sobre las naves laterales con triforio y, especialmente, *girola* con deambulatorio para el paso de los peregrinos. En un primer momento, las iglesias se construyen con mampostería según una técnica importada de Italia por canteros lombardos que construyen plantas sencillas de una sola nave. El edificio se complica desde mediados del siglo XI cuando se añaden capillas laterales al ábside y las cubiertas de madera se sustituyen con bóvedas de medio cañón.

A principios del XII, el románico tolosano evoluciona hacia una complicación de girolas y capillas radiales rodeando el ábside. Otra novedad es la generalización de esculturas en ventanas, presbiterio y distintas dependencias, que en Toulouse presentan abundancia de leones y en los Pirineos máscaras de osos.

Los templos románicos más importantes se localizan en Toulouse, Saint Sernnin, o cerca de allí, Sainte Foy de Conques y la Abadía de Moissac.

La construcción de **Saint-Sernin**, la mayor basílica románica de Occidente, supuso un auténtico hito en el perfeccionamiento del arte religioso, ya que pertenece a una familia de iglesias concebidas para albergar a peregrinos que acuden a venerar las reliquias de los santos. Se levanta sobre una gran planta que mezcla piedra y ladrillo, cuenta con toda la gama de bóve-

Detalles arquitectónicos de la basílica de Saint Sernin, en Toulouse.

das románicas y tiene como característica una magnífica torre-cimborrio de varios pisos superpuestos con ventanales.

En **Sainte-Foy de Conques**, lo más destacable es su magnífica portada, que está considerada una de las obras cumbres de la escultura románica europea, con escenas que por su simbolismo y su organización representan una fe profunda y culta que bebe directamente de las fuentes del Antiguo y del Nuevo Testamento.

La **abadía de Moissac** es un ejemplo del nivel artístico desarrollado en Francia a lo largo de la ruta jacobea, especialmente por su claustro con capiteles y pilares angulares que transmiten una sensibilidad medieval. La armonía y la riqueza de los elementos decorativos pueden verse hasta en los capiteles de las galerías, que ofrecen una gran variedad de motivos geométricos, vegetales y animales.

Otros ejemplos de arte románico en la región se sitúan en la **Abadía de Flaran**, joya cisterciense de Gers; la catedral de **Saint-Bertrand-de Comminges**; la iglesia pirenaica de **Saint-Just de Valcabrère**; o la abadía de **L'Escaladieu**.

Otra característica de la arquitectura religiosa medieval son las iglesias fortificadas construidas como lugares de paz y de recogimiento, pero también como refugios inviolables durante las llamadas *Treguas de Dios* que castigaban con la excomunión la profanación de los templos. Son iglesias de arquitectura maciza y gran campanario destinado a ser torre de vigilancia reforzada con matacanes como en Beaumont-de-Lomagne o en Simorre.

Arquitectura militar

Desde el siglo x y durante toda la Edad Media, el resquebrajamiento del poder público y la guerra de los albigenses incitaron a los señores feudales a organizar su propia defensa. Con dicho fin, se construyeron fuera de las ciudades fortificaciones que se convertirían en ciudadelas inaccesibles. A partir de los siglos XII y XIII, el paisaje pirenaico se puebla de torres de vigilancia y de fortificaciones que por su emplazamiento, no necesitan para su defensa ni fosos ni puentes levadizos. Estos primitivos torreones aislados evolucionan a partir del siglo XIV en torres del homenaje.

Gótico

El estilo gótico irrumpe con fuerza en la región a partir del siglo XIII, con el triunfo de la ortodoxia sobre la herejía albigense y la integración del sur al dominio real. El

Izquierda, portada de la iglesia de Notre Dame du Taur.
Arriba, detalles del interior de la catedral de Albi.

gótico tolosano es testigo de una proliferación de grandes iglesias de ladrillo que supieron aprovechar lo mejor del gótico puro procedente de Île-de-France, pero con características propias, ya que el estilo puramente francés está representado únicamente en la **catedral de Rodez**. El interior de estos templos suele tener una nave única amplia que permiten dar cabida a los fieles que acuden a escuchar la predicación realizada fundamentalmente por las órdenes mendicantes, dominicos y franciscanos, establecidas en Toulouse.

En 1216 los dominicos o jacobinos construyeron el primer convento de su orden en Toulouse con una audaz bóveda de columnas en forma de palmera y un austero claustro de columnas geminadas que hacen de este edificio un conjunto donde reina un ambiente de honda espiritualidad.

Su campanario, junto con los dos últimos pisos del de Saint-Sernin y la **torre-campanario de Notre-Dame-du-Taur**, es un ejemplo de la particularidad tolosana del arco mitral que será imitado en todas las construcciones de la región desde el siglo XIII al XV.

Sin embargo, el mejor ejemplo del arte gótico meridional corresponde a la **catedral de Albi**, donde se ha eliminado el crucero y la imponente nave presenta, pese a su aspecto de fortaleza, una gran pureza de líneas. En otros casos, el gótico meridional de una sola nave se adaptó perfectamente a los espacios limitados, como es el caso de la **iglesia de Santiago de Montauban**, relacionada con la escuela languedociana por su nave oscura y su campanario octogonal de ladrillo, mientras que la de **Grenade** se inspira en el edificio de los Jacobinos de Toulouse.

Arquitectura civil y urbanismo

El ladrillo es el material dominante en la región ante la ausencia de piedra en un suelo que cuenta con abundante légamo y arcilla. Además de los prestigiosos edificios que se pueden contemplar en Toulouse, Albi, Gaillac o Montauban, son muchas las construcciones tradicionales de ladrillo que perdura en construcciones contemporáneas como el **Théâtre National de la Cité** de Toulouse. Sirve además para la decoración de frisos, rosetas y cariátides y tiene como ventaja añadida una variedad de colores (ocre, rosa, anaranjado y púrpura) perfectos para decorar las ciudades.

En la región de Toulouse, otra marca tangible del agitado gótico se sitúa en las *bastidas*, pueblos fortificados de rigurosa geometría en su trazado configuran un tesoro de la arquitectura civil meridional. Fueron creadas en los siglos XIII y XIV, la más antigua es **Montauban** (1144) y la más reciente es **Revel** (1342), como respuesta estratégica y económica de los condes de Toulouse para extender su influencia política y controlar las fronteras de sus territorios. Su innovador plan urbanístico está formado por parcelas regulares que se organizan alrededor de una plaza central rodeada de soportales según un esquema que se aproxima al modelo de tablero de ajedrez cuadrado o rectangular cuya regularidad contrastaba con el urbanismo anárquico e insalubre de los antiguos pueblos.

Otra innovación de estos recintos fortificados era su organización en torno a una plaza única y central con soportales donde se ubicaba el mercado y la casa de los cónsules. Los colonos que llegaban a estas ciudades recibían parcelas para construir viviendas y para cultivar mientras una carta extremadamente liberal les garantizaba el derecho de asilo, la exención del servicio militar y la plena disposición de sus bienes en favor de sus herederos. Aunque todas las bastidas son diferentes, lo mejores ejemplos son los pueblos **Mirepoix, Cologne, Mirande, Montpezat-de-Quercy, Lauzerte, Villefranche-de-Rouergue, Najac** o **Lisle-sur-Tarn**.

Renacimiento

El término "renacimiento" se refiere al arte de los siglos XV y XVI que incluye todas las transformaciones artísticas ocurridas después de la Edad Media. Los artistas renacentistas se inspiraban al arte clásico para crear algo nuevo. En Toulouse hay bellos ejemplos de edificios renacentistas que se encuentran en los palacios y hoteles construidos por los comerciantes del pastel. Se pueden localizar en los alrededores de la calle Malcousinat, como los **palacios de Boisson** y de **Cheverry**, o el más singular **Hôtel d'Assézat**, construido entre 1555-1557 según planos de Nicolas Bachelier, el arquitecto tolosano más destacado del Renacimiento.

Arte Barroco

El barroco nace en el siglo XVII con la contrarreforma. Tiene expresiones en arquitectura y en escultura y pintura donde se caracteriza por un fuerte contraste entre claro y oscuro. El mejor ejemplo de barroco en Toulouse es el **Théâtre du Capitole**, de estilo italiano construido en 1753.

Arte contemporáneo y vanguardias

Toulouse es un gran centro de producción artística contemporánea, con especial atención a las nuevas corrientes de vanguardia

Escultura en el jardín del museo de arte contemporáneo *Les Abattoirs*.

que generalmente tienen su centro de exposición en el **Museo des Abattoirs**. En este museo se compendia las vanguardias francesas con especial atención a la producción de los años 70 y 80 del siglo XX que muestran la diversidad y la pluralidad de posiciones de cara a la modernidad según autores de corrientes como *Support-surface* (Viallat, Dezeuze), figuración libre (Combas, Di Rosa) o de la *transavanguardia italiana*.

Conviene destacar también las grandes obras de arquitectura e ingeniería en Midi-Pyrénées, que tienen un importante hito en el **Viaducto de Millau**, el puente de obenques más largo (2,4 km) y más alto del mundo (270 m), concebido por Michel Virlojeux y diseñado por Norman Foster.

La lengua Oc y la literatura provenzal.

Existen varias denominaciones de la lengua minoritaria que se habla en la zona de Toulouse: provenzal, occitano y *langue d'Oc* (lengua de Oc).

Su origen se remonta a la Edad Media, cuando Francia estaba dividida en dos partes lingüísticas claramente diferenciadas: en el norte se hablaba *lengua de Oïl*, y en el sur *lengua de Oc*. Ambas eran lenguas romances, la primera generó el actual francés mientras que la lengua de Oc derivó al occitano, siendo empleado hasta la pérdida del poder político de Toulouse frente a la corona francesa. Tras ese proceso, el francés fue ganando terreno al occitano has-

Actuación musical durante el festival *Toulouse d'Eté*

ta quedar este reducido a los territorios en los que actualmente se habla: Provenza, Languedoc, Gascuña, Lemosín y Auvernia.

Una característica del occitano es que tuvo una variedad hablada no uniforme, simple y rudimentaria y una vertiente literaria homogénea, culta y con prestigio, que es la que ha sido conocida como provenzal. Esta variedad poética exigió la elaboración de una fraseología y un léxico propios para su expresión lírica, lo que propició su distanciamiento con la lengua del pueblo y la prosa ordinaria. Ésta fue la razón por la que los trovadores sintieron pronto la necesidad de homogeneizar y fijar

esa lengua poética. De esta necesidad nació el *Donatz provenzal de Faidit*, la primera gramática de una lengua romance. Hay variedades dialectales del occitano que corresponden al plano fonético y al morfológico, mientras que la sintaxis y el vocabulario son prácticamente iguales.

Actualmente, el occitano es hablado por colectivos muy minoritarios, en la mayoría de casos ligados a movimientos sociales unidos a un residual nacionalismo de Occitanía. Estos grupos promueven el uso de su lengua en las escuelas, los teatros, los libros y los medios de comunicación, donde su presencia es anecdótica.

La música.
Son muchos los grupos e intérpretes importantes que provienen de algunas regiones francesas. Nos limitamos a hablar de los que han obtenido mayor éxito, o mayor repercusión en la vida de la región.

Georges Brassens

Uno no sabe si hablar de este artista en el apartado de literatura o en el de música. Nacido en Séte en 1921, Georges Brassens fue un poeta músico que, a pesar de su timidez, ha sido reconocido como el gran cantautor por excelencia, dentro y fuera de las fronteras francesas. Con veinte años publicó sin demasiado éxito su primer poe-

mario. Poco después fue detenido y trasladado a un campo de trabajos forzados en Alemania. Terminada la guerra, regresó a París, donde durante varios años se ganó la vida escribiendo artículos para la revista anarquista *Le Libertaire*.

Fue a principios de los años cincuenta cuando comenzó a tener éxito en las salas parisinas. A finales de esa década Brassens ya se había consagrado como uno de los artistas más importantes de la canción francesa del siglo XX.

Massilia Sound System

Massilia (Marsella en latín) *Sound System* desempeña hoy en día un papel fundamental dentro del panorama musical francés y, hasta cierto punto, también dentro del panorama musical internacional. Mezclando esporádicamente con otras lenguas, el *patois* marsellés, hacen llegar al que escucha una crónica crítica de lo que va ocurriendo en la ciudad, en el hexágono y en el mundo. Se esfuerzan en marcar las diferencias que alejan a las gentes y las culturas del sur de las de la capital francesa. Siempre con ironía y gracia, denuncian la presión cultural y económica a la que se ven sometidos muchos de los habitantes de Marsella, y de tantos otros lugares del planeta, para satisfacer los intereses de una minoría opresora. Abogan por el asociacionismo reivindicativo, que permita exigir y tomar los espacios, las calles o recuperar las fiestas tradicionales. Musicalmente se encuadran dentro del *Raggamuffin*. En un principio surgieron de la mezcla de la tradición trovadoresca provenzal con el *rub a dub* (*rap* de origen jamaicano). Pero más tarde, debido a sus repetidos viajes a la India, han apa-

recido algunos ingredientes provenientes de Asia del Sur.

Desde 1984 han grabado ya media docena de discos, y desde sus casas de *La Ciotat* organizan talleres de composición y de canto, flirtean con la política y no cesan, en ningún momento, de intentar agitar las conciencias.

Fabulous Trobadors

Bofarèu, un amante del *hip hop*, conoció en 1986 a Claude Sicré, músico vinculado muy de cerca a la tradición trovadoresca provenzal. De este encuentro nació *Fabolous trobadors*. Acompañados por sus tambores, logran realizar una música de ritmos pegadizos y mucho mensaje, que se encuadra dentro del mencionado estilo *Raggamuffin*. Se dieron a conocer sobre todo en las fiestas de los barrios, apareciendo allá donde hacían falta músicos.

Hoy en día ya han publicado cuatro discos y son conocidos en toda Francia, no solo por su música o por la acidez de sus letras, sino también porque han impulsado un movimiento de recuperación de las calles, que agrupa muchas asociaciones vecinales.

Zebda

En 1985 siete músicos de origen magrebí se reúnen para dar una banda sonora a un corto-

Costumbres

Toulouse participa de la tradicional cortesía, amabilidad y pulcritud francesas. Son hábitos arraigados que se defienden con orgullo como señas de identidad, y que en el caso concreto de Toulouse, también están marcados por un cierto carácter festivo que bebe de sus raíces sureñas y de la aportación de diversas emigraciones.

Son inevitables los dos besos como saludo y despedida, y el *S'il vous plait* (por favor), siempre que se pide algo. Igualmente significativos son el buen gusto con los que son expuestos los alimentos en cualquier tipo de establecimiento, por sencillo que sea.

En toda Francia está prohibido fumar en locales y transportes públicos. Los restaurantes, bares, discotecas y casinos son lugares libres de humo (excepto en las terrazas), donde impera el *Interdit de Fumer*. Los hoteles, al estar considerados en la ley como sustitutos del domicilio, disponen de habitaciones para fumadores pero puede haber problemas para encontrarlas en las *Chambres d'hotes* y hoteles pequeños.

metraje realizado por una asociación de un barrio de Tolouse. Tras tres años de limitarse a ser "animadores musicales", este grupo de artistas se embarca en un verdadero proyecto discográfico, que tomará por nombre *Zebda* ("mantequilla" en árabe). Mezclan en su música casi todos los estilos: *rai, rock, reggae, funk,* sin abandonar nunca el trasfondo político en sus textos.

Como *Fabolous Trobadors* y *Massilia Sound System*, *Zebda* denuncia la situación de los desheredados de la tierra, dentro y fuera de Europa. A pesar de su carácter militante, algunos de sus temas se han convertido en canciones muy comerciales, en las que el mensaje queda en segundo plano –es el caso de *Tomber la chemise*. Después se centraron en la creación de un partido político que logró un 15 por ciento de los votos en las elecciones municipales de 2001 en Toulouse pero que posteriormente se disgregarían en otras formaciones testimoniales.

Gastronomía. A Midi-Pyrénées le precede la fama culinaria de ser una de las regiones francesas con una gastronomía más completa.

Ha tomado prestado de las regiones vecinas (vasco-bearnesa, pirenaica y meridional-provenzal), pero también exhibe una personalidad propia. Se trata de una cocina contundente y sobria en la que abundan las grasas para lograr un mayor aporte energético a potajes y guisos de carne. En los restaurantes de Toulouse se puede degustar todo el recetario de la región. Son platos basados en materias primas propias como trufas, *foie gras*, hongos, confits, *pulardas*, caracoles, queso *roquefort*, pastel de almendras o melón. Particularmente destacada es la **oca**, cuyo despiece está presente en embutidos, patés, ragús y en el inevitable *Cassoulet* de Toulouse, plato estrella de la región.

Es un potaje parecido a la fabada, cuya clave es el prolongado tiempo de cocción en **cazuela de barro** (*cassole*) de donde toma el nombre. Su base son las alubias blancas llamadas *fèves* (otra similitud con la fabada), cocinadas en caldo de carne y embutidos. La variedad local es con salchichas, a diferencia de los *cassoulets* de Castelnaudary o Carcassone, que prefieren el embutido conocido como *andouille* o la pierna de cordero.

Otras especialidades de la región que pueden degustarse en Toulouse son el *carbure* (versión más aligerada del *cassoulet*), el *mourtairol* (cocido de pollo con azafrán), *pularda a la toulousaine* (con una guarnición de *foie gras* y champiñón), **pato** en cualquiera de sus variantes (confit, foie o magret), *aligot del Aveyron*, una mezcla unuosa de queso deshilachado con patatas machacadas y sazonadas con ajo, el *tripoux* de Rouergue, callos con

patas de cordero y asadurilla, o el *estofinado* de Albi (patatas con bacalao). Las carnes de cerdo también juegan un papel destacable en una cocina que tiene otro de sus puntos de referencia en la charcutería.

La reputación de las **salchichas** de Toulouse ha superado con creces las fronteras locales y cada pueblo tiene su propia especialidad. En Albi está el *Galabart* y el *Melsat*, una especie de morcilla o butifarra blanca, del mismo modo que la *Bougnette*, salchicha plana preparada con carne de pecho de cerdo picada y amasada con huevos, procedente de Castres y el Coudenou de Mazamet. La tabla de **quesos** regional incluye los suaves *Rocamadours*, los aromáticos *Tomme des Pyrénées* con los que se elabora el citado *aligot*, el *Laguiole de Aubrac*, y los más fuertes *Bleu des Causses*, junto al afamado *Roquefort*.

Entre los **postres dulces**, en Midi-Pyrénées destacan el hojaldre *Espetón*, la *fenetra* (pastel de almendras con limón confitado), el

pastis Gascón y el *gateau a la broche* (bizcocho con ron, nueces y pasas). El elenco se prolonga con las *Violetas de Toulouse* (flores enteras confitadas en un baño de jarabe), los *Reglisses Grimblettes d' Albi* (regalices) y las *Aleluyas de Castelnaudary* (golosinas a la sidra).

Hay que recordar también que para acompañar los postres, o como aperitivo, la **bebida** más típica es el *Floc de Gascogne*, hecha de zumo de uva mezclado con *Armagnac*, el aguardiente más popular de la zona.

Vocabulario gastronómico

Acedera	*Oseille*	Embutido cocido	
Acedía	*Carrelet*	muy graso	*Andouille*
Albaricoque	*Abricot*	Erizo	*Oursin*
Alcachofa	*Artichaut*	Estofado	*Daube*
Almeja	*Clam*	Fresa	*Fraise*
Almejas, chirla	*Clovisse*	Gallo	*Limande*
Arroz	*Riz*	Gambas, quisquillas	*Crevettes*
Atún	*Thon*	Guisante	*Petit pois,*
Bacalao	*Morue*		*pois*
Berberechos	*Coques*		
Berenjena	*Aubergine*	Guiso a base	
Berro	*Cresson*	de cebolla	*Civet*
Besugo	*Pagre*	Hierbabuena	*Menthe*
Bogavante	*Homard*	Jabalí	*Sanglier*
Buey de mar	*Tourteau*	Judía	*Haricot*
Bígaro	*Bigorneau*	Lapa	*Bernique*
Caballa	*Maquereau*	Leche	*Lait*
Cabracho	*Rascasase*	Lenguado	*Bar, Sole*
Calamar	*Encornet*	Limón	*Citron*
Callos	*Tripes*	Manteca de cerdo	
Cangrejo de río	*Ecrevisse*	fundida	*Gratelon*
Caracola		Mantequilla	*Beurre*
marina	*Buccin*	Manzana	*Pomme*
Cebolla	*Ognion*	Mejillón	*Moule*
Centollo	*Araignée*	Melocotón	*Pêche*
Cerdo	*Porc*	Membrillo	*Coing*
Cereza	*Cerise*	Merluza	*Colin*
Cidra	*Cedrat*	Milhojas	*Feuillette*
Cigala	*Cigale*	Morcilla	*Boudin*
Cigala	*Langoustine*	Mújol	*Mulet*
Cordero	*Agneau*	Nabo	*Navet*
	de mer	Naranja	*Orange*
		Navaja	*Couteau*
Embutido		Nombre genérico	
cocido	*Andouillette*	de la casquería	*Abats*

Nécora	*Etrille*	Regaliz	*Reglisse*
Pan	*Pain*	Rodaballo	*Turbot*
Patatas	*Pommes de terre*	Salmonete	*Rouget*
		Salvia	*Sauge*
Pato	*Canard*	Sepia	*Seiche*
Pavo	*Dindon*	Sidra	*Cidre*
Pepinillo	*Cornichon*	Ternera	*Veau*
Pera	*Poir*	Torrezno	*Couenne*
Perdigón	*Perdreau*	Trigo	*Froment*
Pescadilla, pijota	*Merlan*	Turrón	*Nougat*
Pichón	*Pigeon*	Turrón	*Touron*
Pierna de cordero o venado asada	*Gigot*	Uva	*Raisin*
		Variedad de almeja	*Palourdes*
Pimienta	*Poivre*	Vieira	*Coquille Saint-Jacques*
Platija	*Barbue*		
Pollo	*Poulet*		
Puerros	*Poireaux*	Vino blanco	*Vin blanc*
		Vino tinto	*Vin rouge*
Rape	*Lotte*	Zamburiña	*Petoncle*

Índice